«Este libro, lleno de discernimiento práctico y sabio, ofrece ayuda y esperanza, no solo para los que luchan contra la impureza sexual, sino para todos los acosados por la tentación de cualquier tipo».

NANCY LEIGH DEMOSS, ESCRITORA Y ANFITRIONA DEL PROGRAMA RADIAL *REVIVE OUR HEARTS*

«No podemos perder el tiempo jugando a las escondidas con la impureza sexual y sus consecuencias. Joshua Harris se ha ganado nuestra confianza al hablar sin rodeos y enseñar de acuerdo a la Palabra de Dios. La sabiduría que tiene sobre la verdadera naturaleza de la impureza sexual brindará información y además será un desafío para cada cristiano».

R. ALBERT MOHLER, HIJO, PRESIDENTE DEL SEMINARIO TEOLÓGICO BAUTISTA DEL SUR

«Es para mí muy alentador que mi viejo amigo Josh Harris haya escrito un libro sobre la impureza sexual en el que habla del lugar en que comienzan las concesiones: la mente. Que Dios use este libro para impedir que muchos le permitan a sus mentes convertirse en "el campo de juego del diablo"».

REBECCA ST. JAMES, CANTAUTORA

«El principal problema que presenta la impureza sexual es que nos impide ver y saborear la gloria de Cristo. Eso nos hiere y lo deshonra a Él. Por lo tanto, te recomiendo este libro para tu propio gozo y para la honra de Cristo. Es realista, práctico y da esperanza debido a la gracia que no hace concesiones. Los puros de corazón verán a Dios. Si quieres tener esta visión, permite que Josh Harris te ayude en la lucha».

JOHN PIPER, PASTOR DE LA IGLESIA BAUTISTA BETHLEHEM, MINNEAPOLIS

«Tal vez no le haya dicho adiós a las citas, pero *Ni aun se nombre* es uno de los libros más poderosos que he leído. Josh escribe con sinceridad y transparencia, dándonos consejos prácticos para luchar contra la impureza sexual. Cualquiera que desee en serio vivir con rectitud no puede dejar de leer este libro».

JERAMY CLARK, AUTOR DE *I GAVE DATING A CHANCE*

«Joshua Harris lo ha hecho otra vez. Tienes en tus manos verdad bíblica sin diluir sobre un tema vital, servido con sinceridad y humildad como la que no recuerdo haber encontrado en otro libro».

C.J. MAHANEY, AUTOR DE *LA VIDA CRUZCÉNTRICA*

«¡Vaya! Este libro es una mezcla de agallas y gracia. *Ni aun se nombre* es una obra de colosal importancia tanto para muchachos como para muchachas. Nuestra generación tiene una necesidad apremiante de este mensaje».

ERIC Y LESLIE LUDY, AUTORES DE
WHEN GOD WRITES YOUR LOVE STORY

«Una preciosa mezcla de gracia y verdad. Mi amigo Joshua Harris levanta normas elevadas de santidad a la vez que evade con cuidado el legalismo. Sincero, bíblico y práctico; lo recomiendo plenamente».

RANDY ALCORN, AUTOR DE LOS ÉXITOS DE LIBRERÍA
EL PRINCIPIO DEL TESORO Y EL PRINCIPIO DE LA PUREZA

«Franco, sincero y convincente. Joshua Harris ha escrito un libro acerca de la pureza sexual que pueden leerlo y aplicarlo tanto los hombres como las mujeres. En maneras prácticas y específicas, nos muestra cómo podemos crecer hasta alcanzar la norma de Dios: pureza absoluta en la mente y en el cuerpo».

JERRY BRIDGES, AUTOR DE *EN POS DE LA SANTIDAD*

JOSHUA
HARRIS

ni *aun* se nombre
guarda tu corazón de la inmoralidad sexual

Editorial UNILIT

SEPA
Spanish
Evangelical
Publishers
Association

Publicado por
Editorial Unilit
Miami, Fl. 33172
Derechos reservados

© 2004 Editorial Unilit *(Spanish translation)*
Primera edición 2004

© 2003 por Joshua Harris
Originalmente publicado en inglés con el título: *Not Even a Hint* por
Multnomah Publishers, Inc.
204 W. Adams Avenue, P. O. Box 1720
Sisters, Oregon 97759 USA

Todos los derechos de publicación con excepción del idioma inglés son
contratados exclusivamente por
GLINT, P. O. Box 4060, Ontario, California 91761-1003, USA.

(All non-English rights are contracted through:
Gospel Literature International, PO Box 4060, Ontario, CA 91761-1003, USA.)

Traducido al español por: Cecilia Romanenghi de De Francesco
Fotografía de la cubierta: Brand X pictures

Las citas bíblicas se tomaron de
la Santa Biblia, Versión Reina Valera 1960 © Sociedades Bíblicas Unidas;
La Santa Biblia, Nueva Versión Internacional © 1999 por
la Sociedad Bíblica Internacional;
La Biblia de las Américas © 1986 por The Lockman Foundation; y
La Biblia al Día © 1979 International Bible Society.
Usadas con permiso.

Producto 495344
ISBN 0-7899-1199-X
Impreso en Colombia
Printed in Colombia

A mis hijos:
Emma Grace
y
Joshua Quinn.

Contenido

Estrategias para cambios a largo plazo

Prefacio

Necesito este libro tanto o más que cualquiera que lo lea algún día. No lo escribí porque he «conquistado» la impureza sexual ni tenga un plan infalible para que sigas; lo escribí porque he experimentado el poder de Dios para cambiar y sé que Él desea que experimentes también ese poder.

Hace dos años, me preparaba para dar un mensaje sobre la impureza sexual cuando me di cuenta de que el libro que deseaba consultar aún no se había escrito. Ese libro debía dejar en claro que solo Jesucristo nos puede liberar del interminable yugo de vergüenza y culpa bajo el cual acaban muchas personas bien intencionadas. Debía ser un libro «apto para todo público», que inculcara el amor por la santidad y el odio hacia la impureza sexual sin arrastrar la imaginación del lector por la cloaca. Además, debía ser tanto para hombres como para mujeres porque he aprendido que la impureza sexual no es solo problema de los muchachos: es un problema humano.

Este es mi humilde intento por escribir ese libro. Y a pesar de que ahora estoy felizmente casado, mucho de lo que leerás está dirigido a hombres y mujeres solteros. La razón es que muchas veces, durante los años de soltería, la impureza sexual encuentra un punto de apoyo en la vida de una persona; pero los principios que aquí se encuentran no se limitan a los solteros ni a un grupo de cierta edad. Espero que muchas personas casadas lo lean y se beneficien también.

Si eres cristiano, quiero recordarte verdades que quizá hayas permitido que se escapen. Si lees este libro y no eres cristiano, por favor, no permitas que mis términos religiosos te asusten. Si te sientes frustrado por la forma en que la impureza sexual controla y da forma a tu vida, y si estás plagado de culpa, deseo presentarte al Salvador que me perdonó y cambió mi vida.

He aprendido que solo puedo luchar contra la lujuria en la confianza de que he sido perdonado por completo delante de Dios gracias a la muerte de Jesús por mí. La culpa y la vergüenza, y hasta el castigo que me inflijo, nunca pueden limpiarme. Ni siquiera mis buenas obras logran comprar el perdón. Necesito un Salvador. Necesito gracia.

El escritor Jerry Bridges lo dice mejor: «Cada día de nuestra experiencia cristiana debiera ser un día en el que nos relacionemos con Dios sobre la base de su gracia y nada más», escribe. «Tus peores días nunca son tan malos como para que te encuentres fuera del alcance de la gracia de Dios. Y tus mejores días nunca son tan buenos como para que te encuentres por encima de la necesidad de la gracia de Dios».

Ya sea que tengas un «buen día» o un «mal día», mi oración es que algo en este pequeño libro te introduzca a la vida que en verdad deseas: una vida más agradable a Dios, una vida marcada por una profunda pureza interior, una vida que conoce tanto el placer como la libertad de la santidad.

JOSHUA HARRIS

Primera parte

La verdad acerca de la impureza sexual

capítulo uno

Ni aun se nombre

¿Por qué parece que no puedo
vencer la lujuria?

Siete de nosotros estábamos reunidos en la sala apenas iluminada. Una hoja de cuaderno pasaba con lentitud por las manos de cada uno. Por último, me llegó a mí. Le eché un vistazo a la lista numerada y luego puse mi nombre con solemnidad al final de la página.

El «contrato», como llegamos a llamarlo, era un estricto código de conducta, una lista de promesas que cada uno se comprometía a cumplir durante el año entrante.

Leeríamos la Biblia todos los días.

Iríamos a la iglesia cada domingo.

Memorizaríamos un pasaje de la Escritura cada semana.

Ayunaríamos todos los martes.

Le testificaríamos de nuestra fe a una persona cada semana.

No miraríamos películas.

No besaríamos a una muchacha.

No beberíamos alcohol.

Y no nos masturbaríamos.

En realidad, no recuerdo todas las promesas que había en la lista. Creo que eran cerca de quince, pero me acuerdo a la perfección de que la promesa de no masturbarnos era la número diez en la lista. Esa promesa nos llamó la atención en forma particular a cada uno de nosotros.

LOS SEMENTALES

Tenía dieciocho años. Los otros seis muchachos tenían entre diecisiete y veinticuatro años. Aquel verano trabajábamos como consejeros en un campo de liderazgo cristiano en Colorado. Carlos, Clint y yo lavábamos los platos. Don, Brook, Jon y Scott transportaban a los estudiantes en las camionetas. Nos pusimos el nombre «Los sementales», nombre que tenía una de las cabañas en las que vivían algunos muchachos.

No recuerdo con exactitud cuándo surgió la idea del contrato. Supongo que queríamos reglas. Queríamos saber que agradábamos a Dios. Todo el proceso para llegar a ser santos nos parecía complicado, así que la idea de reducir nuestra fe a una lista controlable de promesas y prohibiciones era atractiva.

Por lo tanto, allí estábamos en la sala de los padres de Jon, poniendo nuestra firma en aquel papel. Cuando terminamos, Jon tomó el papel, lo colocó sobre el suelo en el centro de la habitación y se arrodilló junto a él. «Vamos, muchachos», dijo. «Sellemos nuestra promesa con una oración».

Toda la ceremonia fue muy teatral. Todo lo que faltaba era una orquesta que tocara una música de fondo. Nos arrodillamos, nos amontonamos en un círculo y extendimos la mano derecha sobre la hoja de papel. Cerramos los ojos e inclinamos la cabeza, entonces prometimos delante de Dios obedecer cada regla de la lista.

Ya era un hecho oficial. Se había ratificado el contrato. Estaba seguro de que los ángeles en el cielo debían estar inclinados y asombrados al observar nuestro impresionante despliegue de rectitud y la pura fuerza de voluntad que había en la habitación.

A los pocos días, todos volvimos a casa. Aún me deleitaba en la euforia de nuestro celo religioso. Toda generación necesita hombres de valor, hombres con convicción, hombres con fortaleza... hombres de Dios. Yo era uno de ellos.

La ilusión duró unas dos semanas. Fue entonces cuando quebranté la regla número diez del contrato.

El año siguiente fue una lección muy humillante de cómo fui del todo incapaz de ser recto por mi propia fuerza. Y aquel año escribí «la número diez otra vez» en mi diario más veces de lo que hubiera deseado. Todas mis grandes ambiciones, todas mis promesas, todos mis propios esfuerzos resultaron inútiles.

UNA LUCHA DECISIVA

Ahora me puedo reír al recordar aquel año bajo la tiranía del «contrato», pero en verdad me enseñó algunas lecciones importantes sobre las limitaciones de las reglas y las normas humanas para producir un cambio real en la vida de la persona, sobre todo en la esfera de la lujuria.

Por supuesto, la masturbación es solo una de las miles de maneras en que se manifiesta la impureza sexual en nuestras vidas. Es probable que tu lucha con la lujuria sea del todo diferente a la mía. Quizá involucre fantasías románticas, pornografía en la Internet o la tentación de enredarse sexualmente con un novio o una novia. Como las posibilidades son interminables, tengo una definición sencilla para la lujuria: el deseo sexual de hacer algo que Dios ha prohibido.

La lujuria es desear lo que no tienes y lo que no debes tener. Va más allá de la atracción, del aprecio por la belleza e incluso del deseo sano de tener relaciones sexuales; hace que estos deseos sean más importantes que Dios. La lujuria desea salir fuera de las normas de Dios para encontrar satisfacción.

He llegado a creer que la lujuria puede ser la lucha que define a esta generación. Al escribir dos libros sobre las citas y el noviazgo en los últimos cinco años, me ha servido de ayuda ver cuán serio es este problema para un amplio espectro de creyentes. He recibido miles de cartas y de correos electrónicos de personas de todas las edades en todo el mundo que luchan contra la impureza sexual.

Las historias son desgarradoras y provienen tanto de hombres como de mujeres. Son historias de pequeñas licencias que condujeron a pecados serios con consecuencias lamentables. Son historias de luchas secretas y angustiantes con la relación sexual prematrimonial, la pornografía y la homosexualidad. Son historias de personas que una vez juraron permanecer puros y que ahora no pueden creer a qué profundidades de impureza han descendido.

Chelsea, una joven que se encontró atrapada en una red de masturbación y de pornografía a través de la Internet, me escribió. Su carta es un reflejo típico de la desesperación y la frustración de tantos:

Ya no sé quién soy. Tengo mucho miedo [...] Hago lo que sé que está mal. De verdad he tratado de detenerme, lo he hecho. He llorado y sollozado por la noche. He orado y escrito diarios personales. He leído libros. A decir verdad, no sé qué hacer. Amo a Dios, pero no puedo continuar pidiendo perdón una y otra vez por lo mismo. Sé que necesito ayuda, pero no sé cómo obtenerla. Sé que Dios tiene mucho más planeado para mi vida que esto, pero este pecado sigue conquistándome.

¿Sientes afinidad con la angustia de Chelsea? Lo intentas una y otra vez, pero parece que nunca es suficiente. ¿Existe algo que sea más desalentador que perder la lucha contra la lujuria? Hace tambalear tu pasión espiritual. Hace que tu fe parezca hueca. Sofoca la oración. Empaña toda la visión de tu andar con Dios. Por momentos, te sientes tan abatido por la vergüenza que Dios parece estar a millones de kilómetros de distancia.

¿QUÉ HACEMOS MAL?

¿Murió Jesús para ganar *esta* batalla en nuestro lugar? ¿Se supone que debo vivir así?

No, no debes vivir así. Dios no quiere que vivas en un círculo interminable de derrota. Chelsea tiene razón. Nuestro Padre celestial *tiene* mucho más planeado para nosotros que una vida de lujuria, culpa y vergüenza. Entonces, ¿por qué no la experimentamos? ¿Qué hacemos mal?

Por lo general, la derrota que tenemos en la lucha contra la lujuria se debe a equivocaciones en tres campos clave. Hemos tenido...

- las *normas* equivocadas de la santidad,
- la *fuente* equivocada de poder para cambiar,
- y la *motivación* equivocada para luchar contra nuestro pecado.

El fracaso al no ser capaz de cumplir con «el contrato» fue la primera pista que tuve de que mi método para resistir la lujuria estaba desenfocado. Para empezar, se basaba en mi propio concepto de lo que significaba obedecer a Dios. Creé una regla que pensaba que podía seguir: no me masturbaría durante un año.

El resultado fue que puse mi esperanza en la fuente equivocada de poder: mi propia fuerza de voluntad. No puse mi fe en Dios, sino en Joshua Harris y en su habilidad para resistir la tentación.

Mi motivación tampoco ayudaba. Aunque no era del todo equivocada (una parte de mí deseaba de manera genuina agradar a Dios), en gran parte mi motivación era «sentirme» como una persona pura. Deseaba poder decir que no había pecado. Deseaba mostrarle a Dios lo bueno que podía

ser y cuánto valía. Sin embargo, por supuesto, todo se vino
abajo. Después que volví a pecar, mi motivación se desmo-
ronó. No me sentía puro ni digno del amor de Dios. La culpa me hacía vacilar al orar. Así que intenté con más fuerzas
reunir la fuerza de voluntad para dejar de caer en la impureza sexual. Lo único que logré fue más desaliento y frustración. Incluso cuando reformé mis normas: «¡No lo haré
durante los nueve meses siguientes!», todo el ciclo volvió a
repetirse.

¿Te sientes identificado? ¿Ves cómo nuestras falsas normas, nuestra fuente de poder y nuestra motivación nos conducen al continuo fracaso?

Escribí este libro porque aprendí que no tengo que vivir
bajo este yugo. Tú tampoco tienes que vivir así. La Palabra
de Dios nos muestra cómo entrar en el camino de la libertad. Nos muestra que la clave para escapar del círculo de
derrota es adoptar las normas de Dios para la santidad, su
fuente de poder para cambiar y su motivación para luchar
contra el pecado.

LAS NORMAS PARA BATIRSE A DUELO

Entonces, ¿cuál es la norma de Dios al hablar de la impureza
sexual? ¿Cuánta lujuria quiere que permitamos en nuestras
vidas?

¿Estás listo para lo que sigue? La respuesta es *ni aun se nombre.*

Eso es. Nada. Ni un susurro. Cero.

No lo digo para ser fatalista. En verdad creo que Dios llama a cada cristiano a vivir así, sin importar la clase de cultura en que vivamos ni la edad que tengamos, y no quiere decir que Dios tenga una mano dura ni que sea estricto sin motivo ni causa. Es porque nos ama y porque le pertenecemos. Es porque es sabio y su sabiduría excede nuestro entendimiento.

Efesios 5:3 dice:

> Pero fornicación y toda inmundicia, o avaricia, ni aun se nombre entre vosotros, como conviene a santos.

Más adelante descubriremos por qué Dios estableció una norma tan alta; pero por ahora, nos basta con destacar que Dios añade «toda inmundicia» a la «fornicación». Dios no solo quiere que seamos libres de los pecados de adulterio y de relaciones sexuales fuera del matrimonio, quiere que eliminemos toda clase de impureza en nuestros pensamientos y acciones. Quiere que sondeemos con profundidad nuestros corazones y saquemos de raíz la avidez sexual, que siempre busca nuevas emociones sensuales.

Sin embargo, muchos de nosotros hemos desarrollado una mentalidad dietética con respecto a la lujuria. A decir verdad, deseamos cortar con ella porque sabemos que no es saludable y que nos hace sentir mal; pero como alguno de esos postres deliciosos de chocolate que están cargados de calorías, la lujuria es demasiado sabrosa como para resistirla por completo. Sin duda, Dios nos entendería si rompemos la dieta y mordisqueáramos un poquito de lujuria de vez en cuando (llegar a un punto de demasiada intimidad en una cita por aquí, mirar una película cuestionable por allá o permitirnos una fantasía ajena a la piedad).

Esta es la misma clase de razonamiento que existe detrás de la vieja pregunta que surge en los grupos de jóvenes: «¿Hasta dónde se puede llegar?».

¿Un poquito de lujuria está mal? Ya ves cómo nuestra mentalidad dietética nos conduce a establecer una norma más baja que la de Dios. Podríamos llamarlo «un poquito no le hace mal a nadie». Y, vaya, en verdad suena como una norma razonable. Lo mejor de todo es que, al menos en la superficie, ¡parece algo posible de realizar!

Existe un solo problema: la Biblia enseña lo contrario. Un poquito de lujuria hace mal. Es por eso que Dios nos llama a vivir la desalentadora norma de *ni aun se nombre*. Esto quiere decir que no hay lugar para que la lujuria exista en forma pacífica en nuestras vidas. Debemos luchar en todos los frentes.

Suena agotador, ¿no es así? Con todo, si sientes que la barra está colocada a una altura imposible de alcanzar, no te des por vencido. Es justo lo que debes sentir...

«¡Pero eso es imposible!»

Cuando debía tomar la decisión del nombre que llevaría este libro, una persona sugirió que se titulara *Le dije adiós a la lujuria*. Desde su punto de vista, como mi primer libro *Le dije adiós a las citas amorosas* había tenido buenos resultados, el nuevo libro se beneficiaría si lo ligaba al primero. Además, ¿no es eso lo que queremos hacer: decirle adiós a la lujuria?

Bueno, sí, pero no me gustó la idea. Hacía parecer que librarnos de la lujuria en nuestra vida es algo fácil. Como si fuera algo que todos pueden decidir hacer sin problema si están bien predispuestos. De modo que, si has intentado darle la espalda a la lujuria, sabes que no es así. La lujuria y la impureza nos atraen, nos atrapan y nos persiguen incluso después que juramos por enésima vez que no caeríamos en ellas.

Lo que me gustó del título *Ni aun se nombre* es que muestra con claridad que es algo que solo Dios puede hacer posible en tu vida y en la mía. La norma de Dios *ni aun se nombre* me lleva enseguida al final de mi propia capacidad y esfuerzo. Me recuerda que la norma de Dios es tanto más alta que las que yo me impongo que solo la victoria de la muerte y la resurrección de Cristo pueden proporcionar el *debido poder* y el *apropiado motivo* que se necesitan para cambiar.

La fuerza de voluntad no da resultado. Solo el poder de la cruz es capaz de romper el poder del pecado que nos mantiene debajo de este yugo.

La desesperación o el orgullo por cambiar tampoco dará resultado. Solo la motivación de la gracia, la confianza en el favor inmerecido de Dios, logra inspirarnos a perseguir la santidad, libres de temor y vergüenza.

A FAVOR DE LA RELACIÓN SEXUAL

Cuando le conté por primera vez a mi suegro que me encontraba escribiendo un libro sobre la lujuria, me preguntó en broma: «¿Estás a favor o en contra de ella?». Me reí y le dije que estoy en contra de la lujuria y que pienso que ya hay suficiente literatura a favor de ella. Sin embargo, más tarde me di cuenta de que el mensaje de este libro no es que esté en contra de la lujuria, sino que estoy a favor del plan de Dios para el deseo sexual. Es cierto, la lujuria es mala; pero lo es debido a que lo que pervierte es muy bueno.

Algunas personas tienen la falsa idea de que Dios está en contra de la relación sexual. Y, en realidad, ¡está a favor de la misma de forma evidente! La inventó. ¡Qué pensamiento tan increíble! La relación sexual apasionada fue idea de Dios. No lo molesta. Cantar de los cantares es un libro de la Biblia que se dedica por entero a celebrar la relación sexual pura en el matrimonio.

Una parte del desafío al que se enfrentan los cristianos en un mundo lleno de lujuria es recordar que tanto la relación sexual como la sexualidad no son nuestras enemigas. La

lujuria es nuestra enemiga y se ha apropiado de la sexualidad. Debemos recordar una y otra vez que nuestra meta es
rescatar nuestra sexualidad de la lujuria a fin de que lleguemos a experimentarla de la manera en que Dios lo quiere.

LA PROMESA DEL PLACER

En *El gran divorcio,* C.S. Lewis narra de manera alegórica la
historia de un hombre fantasmal atormentado por la lujuria. La lujuria está encarnada en una lagartija roja que se
sienta sobre su hombro y le susurra de manera seductora al
oído. Cuando el hombre se desespera por esta lagartija, un
ángel se ofrece a matarla, pero el tipo se siente dividido entre
el amor que siente hacia su lujuria y el deseo de que muera.

Teme que la muerte de la lujuria lo mate. Le ofrece al
ángel una excusa tras otra en el intento de conservar la lagartija que dice que no desea. (¿Comienzas a verte reflejado?)

Por último, el hombre accede a que el ángel tome en sus
manos a la lagartija y la mate. El ángel arrebata al reptil, le
rompe el cuello y lo tira al suelo. Una vez que se ha roto el
hechizo de la lujuria, el hombre fantasmal se vuelve a crear de
manera gloriosa para convertirse en un ser real y sólido. Y la
lagartija, en lugar de morir, se transforma en un imponente
semental. Mientras derrama lágrimas de gozo y gratitud, el
hombre monta el caballo y se remontan hacia los cielos.

En esta historia, C.S. Lewis nos muestra la relación que existe entre matar a la lujuria y encontrar la vida. Da la impresión de que si destruimos a nuestra lujuria, ella nos destruirá a nosotros; pero no lo hace. Y cuando destruimos nuestro deseo lujurioso, no llegamos al final del deseo, sino al comienzo del *deseo puro*: centrado en el deseo de Dios, que fue creado para llevarnos hacia la eterna mañana de los propósitos divinos.

Dios nunca nos llama a sacrificarnos como un fin en sí mismo, pero solo *a través* del sacrificio logramos encontrar el camino hacia el gran gozo. Al otro lado de la aparente pérdida y negación siempre se encuentra una recompensa y un placer tan profundo e intenso que es casi imposible decir que nuestra renuncia sea un sacrificio. Y esto es así aunque el sufrimiento y la negación propia a la que Dios nos llama duren toda la vida.

Si esperas alcanzar la victoria sobre la lujuria, debes creer de todo corazón que Dios está en contra de ella no porque se oponga al placer, sino porque está muy empeñado en él.

En su libro *Future Grace*, John Piper escribe:

Debemos combatir el fuego con el fuego. El fuego de los placeres lujuriosos debe combatirse con el fuego de los placeres de Dios. Si solo intentamos combatir el fuego de la lujuria con prohibiciones y amenazas, incluso con las terribles advertencias de Jesús, fracasaremos. Debemos combatirlo con la promesa sólida de una felicidad superior. Debemos tragarnos el insignificante parpadeo del placer de la lujuria en la conflagración de la satisfacción santa.

¿Deseas ser libre de la opresión de los deseos y de las acciones lujuriosas? ¿Deseas librarte del yugo de la culpa y la vergüenza?

Dios nos ofrece a ti y a mí la esperanza de una manera sorprendente. No nos pide que bajemos las normas hasta el lugar en el que pensemos que podemos cumplirlas por nuestra propia fuerza. Nos llama a aceptar la norma de su Palabra: ni aun deben nombrarse la fornicación y toda inmundicia. Dios quiere que fracasemos en nuestra propia fuerza para que no nos quede otra opción que arrojarnos sobre su gracia.

Ese es el misterio de su plan. Encontrarás su fuerza en tu debilidad. Mientras te desesperas ante tus fracasos, encontrarás esperanza en Él. Y mientras le das la espalda a la lujuria, descubrirás que el verdadero placer es algo que solo Dios puede dar.

capítulo dos

A lo que Dios llamó bueno

¿Es biológico o es pecado?

Suena el teléfono.

—¿Hola?

—Hola, viejo, soy yo. ¿Cómo va?

Es mi amigo Drew y, por el tono de su voz, puedo saber con exactitud para qué me llama.

—Estoy bien —respondo—. ¿Cómo estás *tú*?

Me siento en el sillón. Será una larga conversación; Drew necesita «hablar de muchachas».

—Ah, yo estoy bien —dice Drew.

—Sí, claro.

—No lo sé —continúa—. Soy un completo tonto. La vi ayer y no me acerqué a hablar con ella. Solo la saludé con la mano. No sé qué me sucede, no puedo ser yo mismo cuando estoy cerca de ella. ¿Por qué no puedo hablarle y tratarla como a cualquier otra muchacha?

—Porque eres un tonto —le dije con una sonrisa.

—¡Ya lo sé!

Conversamos durante los siguientes cuarenta minutos sobre tener las agallas para hablar con una muchacha que le gusta, de qué es lo que resulta tan atractivo en ella y de lo que implica que desarrollen una amistad. Luego, una vez más, repasamos todo lo que se necesita hacer en el camino que lo conducirá a estar listo para el matrimonio: tiene que estar a punto de terminar la escuela; debe escoger entre diseño gráfico o fotografía; debe estar seguro de poder ganarse la vida y sostener a una familia; lo escucho y sonrío. Estoy orgulloso de él. Trabaja, se esfuerza, planea impulsado por el deseo plantado por Dios de ganar el corazón de una muchacha.

Al escuchar a Drew, recordé mi propia historia de los años que me condujeron al matrimonio. Pensé en todas las veces que me sobrepuse a la apatía debido al mismo impulso incesante. Quedé impactado ante la increíble y sabia realidad de que Dios hizo a los hombres y las mujeres criaturas sexuadas con una atracción magnética mutua.

Algunas veces, en especial cuando era soltero, tuve la tentación de ver a mi impulso sexual más como una maldición que como una bendición. Sin embargo, ¡cuán equivocada estaba esa visión! En realidad, es precisamente la mentira que Satanás quiere que nos creamos: que nuestra sexualidad en sí es pecaminosa. Sabe que si puede confundirnos en cuanto a la diferencia que existe entre la naturaleza sexual que Dios nos ha dado y la influencia corruptora de la lujuria, nuestros esfuerzos por luchar contra el pecado se sabotearán aun antes de salir de nuestra casa.

Antes de entender a fondo por qué Dios dice que la impureza sexual *ni aun se nombre* en nuestra vida, debemos entender qué es impureza sexual y qué no, y antes de atacar la impureza sexual en nuestra vida con convicción, debemos reivindicar el deseo sexual como regalo asombroso y bueno de parte de Dios.

EL BUEN IMPULSO

Esa noche, mientras escuchaba a Drew y pensaba en todas las maneras en que se esforzaba debido a que es un hombre y desea a una mujer, en todo el sentido piadoso de la palabra incluyendo el sexual, pude entender un poco más cuán bueno es que Dios nos haya hecho como nos hizo.

En verdad sabía lo que hacía. «Fructificad y multiplicaos», le ordenó a la humanidad (Génesis 9:7). Luego, en caso de que nos sintiéramos tentados a aflojar en esta tarea de poblar y dominar la tierra, nos hizo criaturas sexuadas y nos dotó de esta cosa increíble a la que llamamos impulso sexual.

De todos modos, ¿qué es este impulso? Un día aterriza en nuestra puerta y nuestra vida no vuelve a ser la misma. En un momento eres un niño para el cual el sexo opuesto es asqueroso: los niños son groseros y las niñas tienen microbios. Al día siguiente, el mundo queda patas arriba. Las hormonas comienzan a bombear, tu cuerpo se transforma, el vello comienza a aparecer en lugares extraños y esta conciencia sexual latente, impulsora y ardiente comienza a fluir por tus venas como lava líquida. Bienvenido a la pubertad. Bienvenido a la humanidad.

Dios nos dio estos impulsos para que nos dirijamos *hacia* algo. Así como nos dio el apetito por la comida para que no nos olvidemos de alimentar nuestros cuerpos, nos dio el apetito sexual para que los hombres y las mujeres sigan uniéndose y creando descendencia en el matrimonio.

Además, más allá de la procreación, el impulso sexual forma parte, de alguna manera misteriosa, de nuestro impulso para construir, avanzar, conquistar y sobrevivir. La sexualidad y el impulso sexual se encuentran entrelazados y amarrados entre sí a nuestra creatividad y nuestro deseo humano innato de continuar con la vida en este planeta que da vueltas. Ser seres sexuados con deseos sexuales forma parte de lo que significa ser un humano creado a la imagen de Dios.

Piensa en esto: El Hijo de Dios sin pecado, que obedeció a la perfección los mandamientos de Dios en cuanto a la pureza y nunca tuvo deseos sexuales impuros, era *del todo* humano. Eso quiere decir que Jesús era un ser humano *sexuado*. Dios no hizo fraudes en la encarnación. Se hizo como uno de nosotros, un ser humano viviente, que respiraba, sudaba, deseaba y sentía. Jesús no era un hombre a medias, asexuado y sin vida. Tenía deseos e impulsos sexuales. Apreciaba la belleza de una mujer. Se daba cuenta de que una mujer era bella. Era un hombre de verdad... y ninguna de estas cosas era pecado.

Lo cierto es que Jesús no vino a rescatarnos de nuestra humanidad; entró en ella para rescatarnos de nuestra condición pecaminosa. No vino a salvarnos de ser criaturas sexuadas; se hizo uno de nosotros para salvarnos del reino del pecado y de la lujuria que arruina nuestra sexualidad.

Por eso es de vital importancia que entendamos que nuestro impulso sexual no es lo mismo que la lujuria. Por ejemplo:

- *No* es lujuria que alguien nos atraiga o que nos demos cuenta de que son bien parecidos.
- *No* es lujuria tener un fuerte deseo de tener relaciones sexuales.
- *No* es lujuria anticipar y estar entusiasmados al pensar en tener relaciones sexuales dentro del matrimonio.
- *No* es lujuria cuando un hombre o una mujer se excitan sin haber tomado una decisión consciente de hacerlo.

- *No* es lujuria experimentar tentación sexual.

El punto crucial en cada uno de estos ejemplos es cómo respondemos a los deseos de nuestro impulso sexual. No es malo fijarnos en una persona atractiva, pero sí lo es desvestirla con los ojos o imaginar lo que sería «tenerla». Un pensamiento sexual que salta en tu mente no necesariamente es lujuria, pero pronto se puede convertir en ella si lo albergamos y damos vueltas alrededor de él. La excitación frente a la relación sexual en el matrimonio no es pecado, pero puede contaminarse con la lujuria si no se modera con paciencia y dominio propio.

Si no puedes hacer estas distinciones, tu lucha contra la lujuria quizá se vea muy obstaculizada. Por un lado, puedes terminar excusando acciones y pensamientos pecaminosos como «parte de la forma en que estoy hecho», lo cual no es verdad en absoluto. Por otra parte, puedes terminar avergonzado por tu impulso sexual, lo cual nunca fue la intención de Dios. Las dos cosas son errores trágicos.

ES UNA VERGÜENZA

Cuando quebrantamos los mandamientos de Dios, la vergüenza es lo apropiado. Es más, puede ser un precioso regalo de Dios. Los pensamientos de contrición y culpa que nos hacen sentir vergüenza, la conciencia de que obramos mal, pueden conducirnos al arrepentimiento y a la restauración.

Dicho esto, es posible que una persona experimente una vergüenza inadecuada que venga como resultado de lo que se podría llamar una conciencia mal programada. La vergüenza inadecuada es la que se produce como respuesta a valores ajenos a los que se encuentran en la Palabra de Dios. Si tu crianza, una enseñanza equivocada o dolorosas experiencias sexuales del pasado te hacen sentir vergüenza de aspectos de tu sexualidad que no son pecaminosos, Él te puede ayudar a renovar tu mente. Puede ayudarte a que tu actitud con respecto a la sexualidad esté a la par de sus valores.

La vergüenza inadecuada puede ser peligrosa porque nos socava la fuerza para luchar contra el verdadero enemigo. La persona que siente una vergüenza equivocada por ser una criatura sexuada con deseos sexuales, pronto se sentirá abrumada e impotente porque trata de vencer algo más que la lujuria, ¡trata de dejar de ser humano!

Una manera de librarse de la culpa inadecuada es hablar con Dios sobre tus sentimientos sexuales. Invita a su Espíritu a entrar en el proceso de rendir tu deseo sexual a la voluntad de Dios, que se produce día a día, momento a momento. Estas son las clases de oraciones e intercambios a los que me refiero:

- *Dios, ¡gracias por hacerme una criatura sexuada con deseos sexuales! No te pido que quites el deseo, sino que me ayudes a agradarte con él en mis pensamientos y acciones.*

- *Dios, en este momento parece que todo mi cuerpo pide a gritos satisfacción sexual; por favor, ¿puedes calmar mis deseos? Mi cuerpo se creó para ti y la santidad, no para el pecado sexual. Ayúdame a glorificarte con mi cuerpo.*

- *Dios, tú me creaste para el placer verdadero y duradero. Lléname con la confianza de que tienes cosas buenas reservadas para mí, algo mucho mejor de lo que la lujuria puede ofrecer.*

- *Dios, gracias por la belleza y por la capacidad de apreciarla. Esa persona es muy atractiva, pero permíteme mirarla con pureza. No quiero codiciarla ni tener sentimientos impuros hacia ella. Ayúdame a mirarla como una persona que hiciste a tu imagen, no como un objeto de mi lujuria.*

- *Dios, en este mismo momento me siento tentado a buscar el bienestar en la lujuria. Por favor, ayúdame a encontrar el bienestar en ti.*

¿Te das cuenta de cómo esta clase de diálogo franco y humilde con Dios es capaz de transformar la manera en que visualizas tu sexualidad? Recuerda, Dios no solo quiere que cultivemos el odio hacia la lujuria; también quiere que cultivemos la gratitud y el reconocimiento por el regalo del deseo sexual que ha plantado en nosotros.

LA NATURALEZA DE LA LUJURIA

La posibilidad de que exista una vergüenza inadecuada hace que sea de suma importancia tener una comprensión clara de lo que es en realidad la lujuria y de dónde viene.

John Piper explica la lujuria con esta simple ecuación: «La lujuria es deseo sexual menos honor y santidad». Cuando tenemos deseos sexuales impuros, tomamos esto que es bueno, el deseo sexual, y le quitamos el honor hacia los otros seres humanos y la reverencia hacia Dios.

La lujuria es un deseo idólatra y en definitiva insaciable que rechaza las reglas de Dios y busca la satisfacción fuera de Él. Dios dice: «No codiciarás» (Éxodo 20:17), pero la lujuria nos dice que lo que no tenemos es con exactitud lo que necesitamos. *La lujuria codicia lo prohibido.* Trata de tomar, con nuestros ojos, nuestro corazón, nuestra imaginación o nuestro cuerpo, lo que Dios ha dicho que no debemos tomar.

¿Cuál es la *fuente* de la lujuria? Cuando pecamos, nuestros propios malos deseos nos atraen. Santiago 1:14 dice: «Cada uno es tentado cuando sus propios malos deseos lo arrastran y seducen» (NVI), y Jesús enseñó: «Porque del corazón salen los malos pensamientos, los homicidios, los adulterios, las fornicaciones, los hurtos, los falsos testimonios, las blasfemias» (Mateo 15:19).

Solo cuando identificamos como es debido que la fuente de la lujuria somos nosotros mismos, logramos asumir la responsabilidad y hacer algo al respecto.

Esto me lleva a un punto importante que no quiero que pases por alto. Aunque nuestros propios malos deseos son la fuente de la lujuria, el que se ofende es Dios. Cuando escogemos la lujuria, rechazamos en forma activa a Dios:

Pues no nos ha llamado Dios a inmundicia, sino a santificación. Así que, el que desecha esto, no desecha a hombre, sino a Dios, que también nos dio su Espíritu Santo. (1 Tesalonicenses 4:7-8)

Después que David cometió adulterio con Betsabé y hasta llegó a asesinar a su esposo, reconoció que, ante todo, había pecado contra Dios. Clamó a Él:

Contra ti, contra ti solo he pecado, y he hecho lo malo delante de tus ojos; para que seas reconocido justo en tu palabra, y tenido por puro en tu juicio. (Salmo 51:4)

El pecado de David afectó a otros, violó a Betsabé y asesinó a su esposo, pero en definitiva él vio que su pecado era una expresión de rebelión, y hasta de odio, hacia Dios. Esto no solo es cierto en el caso del adulterio; todo pecado es una traición activa en contra de un Dios santo.

Cuando entendemos que la naturaleza misma de la lujuria es la rebelión contra Dios, nos damos cuenta de la gravedad y de la naturaleza seria del pecado, y es de esperar que nos sintamos más motivados que nunca a perseguir una vida de pureza.

CUANDO SUFICIENTE
NUNCA ES SUFICIENTE

En el primer capítulo, leímos Efesios 5:3 que dice: «Pero fornicación y toda inmundicia, o avaricia, ni aun se nombre entre vosotros, como conviene a santos».

Ahora bien, ¿por qué la norma de Dios es tan alta? ¿Por qué nos pide que la inmoralidad ni aun se nombre puesto que sabe que nos hizo con fuertes impulsos sexuales?

Una de las razones por las que Dios nos llama a limpiar por completo nuestras vidas de la lujuria es porque sabe que nunca se queda en el nivel de «nombrarla».

La lujuria es siempre un deseo pecaminoso por lo prohibido. Sin embargo, mientras que la lujuria anhela un objeto o una persona, en definitiva este objeto no es el premio; su meta es el *acto* mismo del deseo. El resultado es que la lujuria nunca se puede saciar. En cuanto se obtiene el objeto deseado, la lujuria desea algo más.

En Efesios 4:19, Pablo describe este círculo interminable de lujuria. Habla de los que se han alejado de Dios y dice: «Han perdido toda vergüenza, se han entregado a la inmoralidad, y no se sacian de cometer toda clase de actos indecentes» (NVI). Esa es la paga de la lujuria: «no se sacian de cometer toda clase de actos indecentes».

Aunque te entregues a *toda* clase de actos indecentes, nunca te sacias de cometerlos. Nunca lograrás fantasear lo suficiente como para saciar la lujuria. No serás capaz de acostarte con toda la cantidad de personas necesarias. No sería posible que miraras la cantidad suficiente de pornografía. Puedes atiborrarte de lujuria, pero siempre estarás hambriento. Te encontrarás atrapado en una interminable búsqueda de deseos equivocados, tratando siempre de alcanzar algo que no se puede obtener.

Dios dice *ni aun se nombre* porque no puedes ceder a las demandas de la lujuria y esperar que se tranquilice. Siempre crece, y mientras lo hace, te privará de la capacidad de disfrutar el placer verdadero y santo. No puedes negociar con la lujuria y salir ganando.

ACEPTA TU SEXUALIDAD

Al leer los capítulos siguientes, ten en mente esta idea radical pero liberadora: Dios *desea* que aceptes tu sexualidad y la batalla contra la lujuria, en parte, depende de este punto.

¿La idea de aceptar tu sexualidad y de luchar contra la lujuria te parece contradictoria? Es probable que eso se deba a que la cultura de hoy ofrece una definición muy estrecha de lo que significa aceptar tu sexualidad al poner esto a la misma altura de hacer cualquier cosa que te haga sentir bien. Por lo tanto, de acuerdo a nuestra cultura, negar un impulso sexual en cualquier punto es no ser sincero con uno mismo.

No obstante, existe una gran diferencia entre aceptar la sexualidad y *consentirla*. Consentirla no nos lleva a la satisfacción de la lujuria así como un niño no se satisface si le consentimos cada capricho. El niño malcriado no se levantará mañana deseando menos. Como destacó C.S. Lewis: «El que está pasando hambre puede pensar mucho en la comida, pero lo mismo hace el glotón. Al atiborrado de comida, tanto como al que tiene hambre, le gustan los estímulos».

Como cristianos, aceptar nuestra sexualidad es algo diferente por completo. No obedecemos a cada impulso sexual, ni tampoco negamos que tenemos deseos sexuales. En su lugar optamos tanto por la restricción como por la gratitud. Para nosotros, el deseo sexual se une a todas las demás partes de nuestra vida: el apetito por la comida, el uso del dinero, las amistades, los sueños, las carreras, las posesiones, las capacidades, las familias, al inclinarnos ante el único verdadero Dios.

En otras palabras, para aceptar como se debe nuestra sexualidad, debemos ponerla bajo el dominio de aquel que la creó. Al hacerlo, no luchamos contra la sexualidad; luchamos *por* ella. La rescatamos para que la lujuria no la arruine. Exaltamos la identidad que Dios nos ha dado como criaturas sexuadas al negarnos a quedar atrapados en la interminable insatisfacción de la lujuria.

Cuando aceptamos nuestra sexualidad y la reclamamos para la santidad, somos fieles a la manera en que Dios nos hizo. Nos creó para ser santos. En la santidad encontramos la mejor expresión de nuestra sexualidad y la que nos trae una satisfacción más profunda, y en ella, experimentamos la verdad de lo que Dios hizo.

Y lo que Él hizo es *bueno*.

capítulo tres

No puedes salvarte a ti mismo

¿Dónde encuentro el poder para cambiar?

En cierta ocasión leí la historia verídica de un duque llamado Reynaldo III que vivió durante el siglo catorce. Su triste vida ilustra cómo ceder ante los deseos lujuriosos, lo mismo que muchas veces ponemos a la par de la libertad, nos quita en realidad la libertad y el verdadero gozo.

Reynaldo III había llevado una vida de indulgencia y estaba en extremo excedido de peso. Es más, lo llamaban casi siempre por su sobrenombre en latín, Crassus, que quiere decir «gordo».

Luego de una violenta discusión, el hermano menor de Reynaldo, Eduardo, condujo con éxito una revolución en su contra. Capturó a Reynaldo, pero no lo mató. En su lugar, construyó una habitación alrededor de él en el Castillo de Nieuwkerk y le prometió que recobraría la libertad en cuanto pudiera salir de allí.

Para la mayoría de las personas, no hubiera sido difícil ya que la habitación tenía varias ventanas y una puerta de tamaño casi normal, y ninguna de ellas estaba cerrada ni con rejas. El problema era el tamaño de Reynaldo. Para recuperar la libertad, debía perder peso; pero Eduardo conocía a su hermano mayor y todos los días le enviaba diversas comidas deliciosas. En lugar de hacer dieta para conseguir la libertad, Reynaldo engordaba cada vez más. Permaneció en la habitación durante diez años, hasta que su hermano murió en batalla. Sin embargo, para entonces, su salud estaba tan deteriorada que murió en menos de un año, prisionero de su propio apetito.

Muchos hombres y mujeres hoy en día son prisioneros de sus apetitos lujuriosos. Al igual que Reynaldo, parecen libres y hasta felices. Hacen lo que quieren. Hacen lo que les proporciona placer. Con todo, la triste realidad es que cada mordisco que le dan a las delicias de la lujuria los hace cada vez más prisioneros. Cuando somos indulgentes y nos permitimos una vida de pecado y hacemos cualquier cosa que nos traiga placer, no somos libres; somos esclavos de nuestro propio pecado.

En prisión con nuestro apetito

En el mundo actual celebramos a la gente que alcanza una posición debido a sus esfuerzos, capaces de arreglárselas sin la ayuda de nadie. Por lo tanto, cuando oímos que estamos apresados por la lujuria, el primer pensamiento que nos viene a la cabeza es orquestar nuestra propia huida de la cárcel. Aun así, como el pobre Reynaldo, no logramos salvarnos solos.

En el capítulo 1 examinamos la importancia de tener la *debida fuente de poder* a fin de cambiar y la apropiada *motivación* para luchar contra nuestro pecado. Solo el poder del evangelio es capaz de rescatarnos de la prisión del pecado y solo la motivación de la gracia logra sostenernos en la lucha continua contra la lujuria. Si estos dos elementos no son los adecuados, nuestros esfuerzos se arruinarán. Cuando nuestra motivación tiene la base equivocada de ganarnos la aceptación de Dios y el poder es nuestra propia voluntad, todo lo que hagamos para sobreponernos a la lujuria fracasará. ¿Por qué? Porque en esencia intentamos salvarnos a nosotros mismos.

Necesitamos examinar esta tendencia de tratar de salvarnos a nosotros mismos porque si no nos ocupamos de esta manera de pensar equivocada ahora mismo, todo lo que te diga en los capítulos siguientes, todas las estrategias prácticas para luchar contra la lujuria, no tendrán valor. Lo único que conseguirán es llevarte más lejos de donde necesitas estar.

Aquí tienes lo que tengo en mente. Además del deseo de vencer y conquistar la lujuria, quizá te comprometerías a un conjunto rígido de reglas a fin de rendir cuentas con respecto a lo que mirarás, lo que leerás, lo que escucharás y lo que no. En sí, es posible que estos compromisos sean muy buenos, pero lo que he aprendido a partir de mi experiencia con «el contrato» es que las reglas que se desprenden de la superioridad moral y cuyas motivaciones se centran en uno mismo pueden, en realidad, alejarnos de Dios. John Owen enseñó que el intento de hacer morir nuestro pecado y lujuria basado en nuestra fuerza humana es «la esencia y sustancia de todas las falsas religiones en el mundo». Incluso una buena directriz para luchar contra la lujuria, si «se lleva a cabo sobre la base de esquemas hechos por el hombre, siempre termina en el fariseísmo».

Hace poco, un estudiante universitario de diecinueve años llamado Jay me contó un sistema que habían creado él y sus amigos para que los ayudara a luchar contra la tentación de mirar pornografía. Si uno de ellos pecaba de esta manera, todos los demás tenían que arreglárselas sin comer para «cargar con el castigo» del que había pecado. «Han pasado un poco más de cuatro semanas y tenemos más hermanos que se han unido a nuestra batalla en contra de la lujuria», escribió. «Al haber más gente que se puede quedar sin comer si yo decido pecar, la decisión de huir de la tentación es más fácil cada día».

Me encanta el deseo genuino de Jay de vencer el pecado y no tengo más que palabras de elogio por tomarse en serio la lujuria, pero en definitiva no me parece que el sistema resulte en sí mismo mejor que nuestro contrato. La ley nunca puede traernos un cambio profundo y duradero. Jay y sus amigos necesitan echar raíces en la verdad transformadora que alguien ya ha «cargado con el castigo» en lugar de ellos. Jesucristo soportó la ira de Dios por cada uno de sus pecados al agonizar colgado de la cruz. Esta es la buena noticia del evangelio.

Esto es lo que debes recordar: necesitas que te rescaten. Necesitas la gracia de Dios, y no solo en los días malos, sino *todos los días*. Este proceso de tratar de salvarse a uno mismo como lo hace Jay y como lo hice yo años atrás tiene un nombre. Se llama legalismo.

EL LEGALISMO Y LA LUJURIA

Cuando mis amigos y yo redactamos nuestro contrato, teníamos algunas buenas motivaciones detrás de nuestras pautas; pero perseguíamos la santidad divorciada de una comprensión de lo que Jesús había hecho por nosotros.

Esta es la esencia del legalismo. Muchas veces pensamos que el legalismo es aplicar un conjunto de leyes indebidas, pero no necesariamente es así. El legalismo es usar cualquier conjunto de reglas (malas, buenas y hasta las de Dios) de forma indebida. En su libro *La Vida Cruzcéntrica,* C.J. Mahaney escribe: «Legalismo es la búsqueda para conseguir el perdón y la aceptación de Dios a través de la obediencia a Él».

El legalismo trata de superar lo que Jesús hizo cuando murió y resucitó. El legalismo hace que procuremos relacionarnos con Dios basándonos en nuestra obra, en lugar de basarnos en la obra de nuestro representante y mediador, Jesucristo.

Cristo murió para librarnos de la tiranía de todos nuestros contratos humanos, que procuran hacernos justos delante de Él. La ley y nuestra obediencia a ella nunca nos harán justos. Solo revelan cuán pecadores somos y cuán incapaces de cambiar por nosotros mismos. La ley es un gran cartel que nos señala la necesidad que tenemos de un Salvador.

Por favor, no bases tu lucha contra la lujuria en el legalismo. Nunca da resultado. Quedarás del todo desilusionado por el fracaso o, si tienes éxito, te inflarás con orgullo fariseo. Es posible que te parezca que el legalismo te da resultado por algún tiempo, pero al final obrará en contra de tu búsqueda de la santidad.

Si fueras a usar las ideas prácticas que estoy a punto de darte como si fueran un conjunto legalista de normas, no solo sería desagradable para Dios, sino que no cambiarías.

Tu comportamiento puede cambiar por algún tiempo, pero tu corazón no cambiará.

Te estrellarás y te quemarás. Será terriblemente monótono. Comenzarás a buscar maneras de burlar tus propias reglas. La santidad te parecerá algo seco, aburrido y sin vida, y el pecado se volverá más atractivo y aun más poderoso.

Cristo no murió para que tengas esa clase de vida. Pablo escribe: «Estad, pues, firmes en la libertad con que Cristo nos hizo libres, y no estéis otra vez sujetos al yugo de esclavitud» (Gálatas 5:1).

DOS PALABRAS IMPORTANTES

Algo importante para estar firmes en el evangelio y evitar el legalismo es entender la diferencia entre la obra que Cristo hizo para salvarnos y la obra para llegar a ser santos para la cual Él nos capacita luego de que hemos sido salvos. Los teólogos le asignan las palabras *justificación* y *santificación* a estos dos conceptos relacionados de forma estrecha, pero diferentes.

C. J. Mahaney nos da la siguiente definición de cada una:

- La *justificación* se refiere a tu situación delante de Dios. Cuando pones tu fe en Jesús, Dios, el juez, impone el veredicto de que eres justo. Te transfiere el perfecto y sin pecados récord de Jesús. Dios te perdona de un modo completo y total. No solo limpió el récord de tu pecado, sino que te acreditó la justicia de su Hijo.

- La *santificación* es un proceso: el proceso de llegar a ser más como Cristo, de crecer en santidad. Este proceso comienza en el instante de tu conversión y no terminará hasta que te encuentres cara a cara con Jesús. A través de la obra de su Espíritu, a través del poder de su Palabra y el compañerismo con otros creyentes, Dios nos despoja de los deseos por el pecado, renueva nuestra mente y cambia nuestra vida. Esta obra constante es lo que llamamos santificación.

¿Por qué son importantes estos términos teológicos? Porque tienen que hacer todo el plan de Dios para cambiar pecadores como tú y como yo.

Demasiada gente confunde el proceso de la santificación con la declaración que Dios hace de la justificación. En otras palabras, piensan que su tarea de llegar a ser santos y de luchar contra la lujuria es lo que los salva. ¡No! El proceso de la santificación es el resultado de ser justificados. *Nada de lo que hagamos en nuestra búsqueda de la santidad le agrega algo a nuestra justificación.*

Todos los aspectos necesarios e importantes para alcanzar la santidad no le agregan nada a nuestra salvación; son la *respuesta a* la obra consumada de Dios al justificarnos y *el resultado de* esta obra. Cristo murió para que seamos libres de la tarea inútil de tratar de justificarnos a nosotros mismos. Ya no tenemos que humillarnos en obediencia bajo las reglas de nuestros contratos humanos ni de lo que John Stott llama nuestros «sistemas de méritos».

No podemos ganar el perdón a través de la obediencia. No podemos pagar por nuestros pecados con nuestro pesar. No podemos cubrirlos con nuestras lágrimas. No existe una cantidad suficiente de castigo que podamos infligirnos que nos haga justos delante de Dios. Ni siquiera nuestra propia muerte es suficiente.

Existe solo una solución: creer en Jesucristo. Renunciar a toda esperanza en nuestra propia capacidad para salvarnos a nosotros mismos y poner nuestra fe en su capacidad para salvarnos.

PERDÓN ABSOLUTO

La justificación es una tarea terminada. No tenemos que contener la respiración preguntándonos qué piensa Dios de nosotros. Cuando te vuelves de tus pecados en arrepentimiento y por medio de la fe en Jesús le pides que te perdone, Dios lo hace. Punto y aparte. No permitas que nadie te diga lo contrario.

Algunas veces, cuando soy más consciente de mi pecado que de la gracia de Dios, cito las frases de un himno que cantamos muchas veces en nuestra iglesia llamado *Delante del trono de Dios*. La segunda estrofa fortalece mi alma:

> *Cuando Satanás me tienta a desesperar,*
> *y me habla de la culpa que tengo adentro,*
> *miro hacia arriba y lo veo a Él*
> *que le puso fin a todo mi pecado.*
> *Gracias a que el Salvador sin mancha murió,*
> *mi alma pecadora se considera en libertad;*
> *ya que Dios, el justo, queda satisfecho*
> *al mirarlo a Él y perdonarme a mí.*

Es verdad, adentro hay culpa, pero Jesús le ha puesto fin a todos mis pecados. No permitas que esta verdad se aparte de ti. Concéntrate en esta realidad. No dudes de tu perdón. Cuando te sientas condenado y separado de Dios, es más probable que te vuelvas a la lujuria para encontrar bienestar, y eso no es, por cierto, lo que Dios quiere que hagas. No permitas que nada te distraiga de la realidad sólida como una roca de que cuando Dios perdona, el perdón es absoluto. Cuando pecas por millonésima vez y luego, con verdadero arrepentimiento clamas por misericordia, cuando haces lo que prometiste que nunca volverías a hacer y clamas a Él con genuina fe en su gracia, Dios te perdona.

Mi amigo, Eric Simmons, me ha enseñado a insertar mi nombre en el Salmo 32:2 (paráfrasis de la NVI): «Dichoso

Joshua Harris a quien el SEÑOR no toma en cuenta su maldad». Pon tu nombre allí. Si has confiado en Cristo, es verdad también en tu caso. ¡Qué verdad tan increíble! Gracias a
la muerte de Jesús por nosotros, Dios no toma en cuenta
nuestra maldad.

LIBRES PARA SER SANTOS

¿Acaso quiere decir que podemos engañar a Dios? Como
nos perdonaron y justificaron, ¿quiere decir que podemos
pecar todo lo que se nos antoje? *No, en absoluto*. Si en verdad te justificaron, desearás también que te santifiquen.
Desearás comenzar a crecer en la santidad. La persona que
ha experimentado la gracia de Dios y que se ha convertido
de manera genuina puede seguir decidiendo pecar, pero no
puede amar el pecado como antes. No puede continuar en
el pecado de forma indefinida.

Nuestra libertad no es una libertad que nos conduzca al
pecado y al egoísmo, sino a la justicia y al amor.

Gálatas 5:13-14 dice:

Porque vosotros, hermanos, a libertad fuisteis llamados; solamente que no uséis la libertad como ocasión
para la carne, sino servíos por amor los unos a los
otros. Porque toda la ley en esta sola palabra se cum-
ple: Amarás a tu prójimo como a ti mismo.

La libertad de la ley no significa que ya no obedezcamos a Dios. «Por el contrario», escribe John Stott, «aunque no podamos ganar la aceptación guardando la ley, una vez que nos aceptaron, debemos guardar la ley por amor a Él que nos aceptó y nos dio su Espíritu a fin de que nos capacite para guardarla».

El evangelio nos libera para hacer aquello para lo que nos crearon: disfrutar de Dios y glorificarle con toda nuestra vida. El evangelio nos libera para ser santos.

GUIADOS POR EL ESPÍRITU

Tanto el legalismo como la indulgencia con el pecado nos encarcelan. Sin embargo, cuando ponemos nuestra fe en Cristo, Dios nos liberta de los dos y nos da su Espíritu para que nos conduzca hacia la libertad de la santidad. ¿Alguna vez has escuchado a la gente hablar de ser «guiados por el Espíritu» y te has preguntado qué quieren decir con exactitud? La vida guiada por el Espíritu no es un estado espiritual superior o místico; es sencillamente caminar al ritmo del Espíritu. Debiera ser la experiencia de todo cristiano. Es el Espíritu Santo el que nos capacita para cambiar, para resistir al pecado, para aplicar la Palabra de Dios a nuestra vida. Por lo tanto, la vida guiada por el Espíritu es aquella que se somete a la dirección, a los planes, los valores y las prioridades del Espíritu de Dios, tal como se revelan en la Escritura. ¡Es una vida de libertad y santidad!

Sin el Espíritu de Dios, nuestras vidas están marcadas por compulsiones erráticas: un día nos comprometemos con un estricto contrato de reglas y al día siguiente nos atiborramos de pecado como Reynaldo en la prisión que él mismo se construyó. Es inútil tratar de vivir la vida cristiana guiados por nuestra naturaleza humana caída. Por lo general, consiste en el fútil intento de obedecer a Dios por nuestra propia fuerza en un momento y al siguiente nos rendimos por completo y corremos detrás del pecado. Así que el resultado de caminar en el Espíritu es muy diferente. Gálatas 5:22-25 dice:

> Pero cuando el Espíritu Santo rige nuestras vidas, produce en nosotros amor, gozo, paz, paciencia, benignidad, bondad, fidelidad, mansedumbre, templanza. Y en nada de esto entramos en conflicto con la ley judía.
>
> Los que pertenecen a Cristo han clavado en la cruz los impulsos de su naturaleza pecadora. Si ahora vivimos por el Espíritu Santo, sigamos la dirección del Espíritu Santo en cada aspecto de nuestra vida. (LBD)

¿Puedes ver a qué clase de vida mejor nos ha llamado Dios? Dios no solo nos salva *del* pecado, nos salva *para* llevar una vida de amor, gozo, paz, paciencia, bondad y templanza.

Es verdad, implica sacrificio. El llamado a seguir a Jesús es un llamado a hacer morir el pecado, a crucificarlo y permitir que el Espíritu Santo controle *cada* parte de nuestra vida, incluso nuestros deseos sexuales. Él nos pide que renunciemos a la persecución de deseos lujuriosos que quizá nos complazcan por un tiempo. Sin embargo, al otro lado de ese sacrificio hay libertad y verdadero placer.

UN CAMINO SÓLIDO

Nosotros ni podemos salvarnos ni cambiar por nuestra cuenta. Solo la fe en Cristo es capaz de rescatarnos de la prisión de nuestro pecado y solo el Espíritu nos puede transformar. Nuestra tarea es invitarlo a que haga su obra, participar en ella y someter cada vez más nuestros pensamientos, acciones y deseos a Él. En los capítulos siguientes analizaremos cómo debe ser esta participación.

Imagínate la vida guiada por el Espíritu como un camino estrecho pero seguro entre dos barrancos profundos. El camino seguro de la gracia y de la libertad cristiana viaja entre los peligrosos fosos del legalismo por un lado y la indulgencia frente al pecado por el otro. Durante siglos, las personas equivocadas han torcido la Escritura para justificar el abandono del camino de la libertad a fin de elegir entre alguno de los otros dos.

De manera similar, este libro que tienes en las manos se puede usar de manera equivocada. Una persona puede aplicar sus ejemplos prácticos y consejos para darle muerte al pecado de una manera legalista. Otra puede tomar su énfasis en la gracia y el perdón como una excusa para ser indulgente frente al pecado.

Espero que no cometas ninguno de estos errores. Pide la ayuda del Espíritu Santo. Rechaza la mentira de que puedes añadir algo a lo que Jesús hizo al morir por ti. Coloca del todo tu fe en la sustitución de Cristo y haz que la búsqueda de la santidad sea una respuesta a su gracia.

Tienes el llamado a la libertad... la libertad de la santidad. Jesús murió para liberar a los cautivos, no solo de la ley, sino también de la indulgencia. El aire puro y fresco de la libertad está justo detrás de la puerta. ¿Estás listo para recibirlo?

Segunda parte

EN EL FRAGOR
DE LA BATALLA

capítulo cuatro

Un plan a la medida

¿Adónde soy más débil y qué puedo hacer?

Una noche, fui con mi amigo Andrew a alquilar un vídeo. Cuando llegamos a la puerta del establecimiento de alquiler de películas, se detuvo y dijo:

—Esperaré aquí afuera.

—¿Por qué? —le pregunté.

—No quiero entrar —dijo.

Me explicó que Dios le había traído convicción de pecados con respecto a mirar las cubiertas explícitas de muchos vídeos. Su manera de luchar contra esto era ni siquiera entrar a los lugares de exposición.

Sé que Andrew se sentía un poco tonto allí parado en la puerta. Estoy seguro de que la gente debe haber pensado que éramos extraños al ver que le traje diferentes vídeos a la ventana para que me ayudara a elegir, pero a Andrew no le importó. Procuraba ser obediente a lo que Dios le había mostrado con respecto a sus propios campos de tentación.

Es posible que mucha gente admita que la lujuria es un pecado frecuente en sus vidas y digan que desean cambiar, pero a diferencia de Andrew, nunca se han tomado el tiempo para pensar a conciencia cómo se desarrolla el proceso de la tentación delante de ellos. En lugar de anticiparse y estar en guardia, se ven sorprendidos por el mismo ataque una y otra vez. Yo mismo he sido culpable de esto.

¿Sabes con precisión cuáles son tus puntos débiles? Y lo que es más importante aun, ¿tienes un plan específico no solo para defenderte sino también para tomar medidas en verdad activas que te protejan de la impureza sexual?

Deseo hacerte recorrer el proceso para identificar las maneras específicas en las que luchas contra la lujuria a fin de que logres crear tu propio «plan a la medida» para vencer a la impureza sexual.

TU PROBLEMA ES ÚNICO

Cada uno de nosotros es único en la manera en que lo tienta la impureza sexual. Esto no debiera sorprendernos, ya que todos tenemos diferentes trasfondos, debilidades y distintas tendencias pecaminosas. Todas estas cosas se combinan para hacernos vulnerables en particular a la impureza sexual en ciertas situaciones.

Por eso es que no puede existir un enfoque de «talla única» para combatir la impureza sexual. Por eso mismo sería un error evaluar cómo andas en esta esfera al compararte con otros. Es posible pensar que te encuentras «por encima de la lujuria» solo porque no luchas en su contra como algunas personas que conoces. Sin embargo, la lujuria se manifiesta en cada una de nuestras vidas de manera diferente. ¿Te sientes orgulloso por no haber mirado nunca la pornografía de la Internet, mientras que tus ojos absorben todas las imágenes sensuales de la televisión? ¿Puedes tener un aire de suficiencia al pensar que no te masturbas, mientras que avanzas cada vez más en la relación física con tu novio? ¿Te parece que a Dios lo impresionas al mirar solo películas aptas para mayores de trece años si tu vida es prohibida para mayores de dieciocho?

Un hombre de unos treinta y cinco años que me escuchó expresar este principio me contó cómo Dios lo usó para abrirle los ojos. «Cuando algunos amigos expresaban las luchas que tenían al mirar a mujeres que vestían con falta de modestia, pensaba: *¡Crezcan de una vez! No sean tan débiles*», me dijo. Y luego comenzó a ver que en su vida había la misma cantidad de impureza sexual. «Aunque mis pensamientos lujuriosos no son tan comunes como otros, son igual de malos y se empeoran por mi orgullo. Mi deseo lujurioso es llamar la atención de ciertas mujeres en la oficina. Quiero que me deseen».

¿Te das cuenta cómo nuestro pecado logra engañarnos al hacernos sentir a salvo? Por lo general, los que se sienten más a salvo son los que corren mayor riesgo. Pablo nos advierte en 1 Corintios 10:12: «Por lo tanto, si alguien piensa que está firme, tenga cuidado de no caer» (NVI).

Es por eso que no debemos tratar de generalizar ni comparar a la hora de resistir la tentación. Si deseamos avanzar, tenemos que concentrarnos en nuestra propia debilidad única.

Luego, debemos tomar la decisión de no satisfacerla...

IDENTIFIQUEMOS LOS DISPARADORES DE LA IMPUREZA SEXUAL

Después de sufrir de migrañas durante varios años, descubrí que ciertas comidas eran las que la provocaban. Los dolores de cabeza no aparecían de inmediato después de ingerir estas comidas, pero al tiempo las cosas como la cafeína, el chocolate y ciertos conservantes se acumulaban en mi organismo y luego desencadenaban un terrible dolor de cabeza que se prolongaba durante varios días seguidos.

Cuando aprendí a evitar estos alimentos, mi vida mejoró de forma notable.

Aquí tenemos un principio para luchar contra la impureza sexual. Es lamentable, pero la lujuria parte de nuestros propios corazones pecadores; podemos tener impureza sexual sin ninguna influencia externa, pero he descubierto que ciertas concesiones pecaminosas que parecen insignificantes se pueden acumular en mi organismo. Por lo general, los pecados menores frente a los cuales no fui diligente en guardarme son los que desencadenan en mí los mayores estallidos de pecado. Hablo de las decisiones diarias, hasta las de cada hora, de lo que miramos, leemos, escuchamos y de lo que le permitimos pensar a nuestra mente y dónde le permitimos descansar a nuestros ojos.

Romanos 13:14 es un versículo que me sirve de guía: «Antes bien, vestíos del Señor Jesucristo, y no penséis en proveer para las lujurias de la carne» (LBLA).

Cuando pienso en «proveer», imagino a mi esposa al preparar el almuerzo para cada miembro de la familia cuando salimos de viaje. ¿Provees para la lujuria? En tus pequeñas decisiones diarias, ¿cuidas y alimentas en verdad tus debilidades y los disparadores de la lujuria?

En los momentos en que me siento tentado, me digo: «¡No le prepares un almuerzo a la lujuria!». No debo mimar ni debo proveerle el más mínimo bocado a la impureza sexual de mi corazón para que se alimente.

Richard Baxter escribió: «Permanece lo más lejos posible de las tentaciones que alimentan y fortalecen los pecados que debes vencer. Sitia tus pecados y déjalos morir de hambre al quitarles la comida y el combustible que los mantiene y les da vida».

Cuando proveemos en pequeñas medidas para la lujuria, esta se mantiene con vida y nuestras debilidades se fortalecen. Piénsalo un minuto. ¿Cuál es tu punto débil? ¿Cuáles son las cosas que desencadenan tu lujuria?

Aquí tenemos algunas categorías para considerar:

La hora del día

¿Eres más susceptible a la lujuria en ciertos momentos de tu día como, por ejemplo, en cuanto te levantas de la cama o al final del día cuando estás cansado y te sientes tentado a sentir lástima de ti mismo? ¿Y en los fines de semana, cuando duermes con pereza y eres menos disciplinado? A muchas personas que conozco el tiempo que pasan en el baño les resulta una tentación constante.

Piensa en serio cómo puedes prepararte mejor para estos momentos. Muchos han descubierto que meditar en la Escritura antes de dormirse les ayuda a poner la mente en las cosas espirituales y los hace menos propensos a consentirse con fantasías pecaminosas. Otros inician una conversación telefónica con un amigo en los momentos en que saben que son débiles. Otras personas descubren que orar y escuchar música de adoración los ayuda en esos momentos de debilidad.

Lugares tentadores

¿Existen ciertos lugares en los que la lujuria te tienta más? ¿El centro comercial? ¿Una librería en que te sientes tentado a merodear por sectores equivocados? ¿La casa de un amigo en que sabes que hay pornografía? ¿Alguna parte de la ciudad donde haya más posibilidades de ver hombres o mujeres vestidos de manera indecente?

Limita el tiempo que pasas en estos lugares o deja de frecuentarlos por completo. Cuando no tienes más remedio que ir allí, ve con mucha oración y hasta con la responsabilidad de rendirle cuentas a un amigo que después te pregunte cómo te fue.

Luego de unas vacaciones que pasé en cierta playa de Florida un año, decidí que no podía volver. El agua era formidable, la playa era hermosa, pero también estaba atestada de mujeres con trajes de baño demasiado pequeños. Shannon y yo conversamos sobre las tentaciones y al año siguiente encontramos una playa más solitaria para visitar. No era tan bonita, pero yo no pecaba todos los días y pasé un tiempo mucho mejor.

Es probable que el lugar en el que eres débil no sea el mismo en el que la otra gente que conoces sea débil. No hay problema. No te preocupes por lo que los demás piensan ni si entienden o no. Solo obedece a Dios.

Televisión

En el capítulo 7 vamos a tratar el papel que desempeñan los medios en nuestra lucha contra la lujuria. Por ahora, solo quiero preguntarte si miras televisión en forma pasiva o activa.

Mi pastor, C.J. Mahaney, me ha enseñado con el ejemplo la importancia de mirar televisión con un «control remoto activo». Mirar televisión no es un deporte de espectadores; con la precisión del medio segundo, tienes que estar listo para cambiar de canal, pasar por alto los comerciales e incluso apagar el aparato.

Este año me encontraba con C.J. y un grupo de amigos mirando el gran partido del final del campeonato. Creo que no vi más de dos comerciales en todo el tiempo. C.J. tenía el control remoto y en cuanto aparecían los comerciales cambiaba a otro canal, C-SPAN, que tal vez sea el más seguro que se encuentra disponible. ¿Por qué lo hace? ¿No sabe lo entretenidos e interesantes que pueden ser los comerciales durante este partido? Lo sabe, y también sabe con cuánta frecuencia usan la sexualidad para vender sus productos. Sabe que nada de lo que se pueda perder vale tanto como para exponerse a las imágenes lujuriosas.

En momentos así, es fácil justificar lo que miramos. Algunas veces he pensado: *Bueno, es solo un comercial. Terminará en unos pocos segundos. No puede ser tan malo.* Sin embargo, es una mentira. Una imagen pecaminosa se puede albergar en mi mente en mucho menos de treinta segundos.

Algunas veces cuando he viajado y me he quedado en un hotel, he pecado contra Dios al pasar en forma mecánica de un canal a otro. No necesariamente me detengo para ver algo pecaminoso, pero paso por allí sabiendo que existe una buena posibilidad de que aparezca una imagen repentina ante mis ojos. Dios me ha ayudado a ver mi propio deseo lujurioso en esos momentos. Aunque solo paso por arriba, esta es una expresión de lujuria. Debido a los lamentables antecedentes que tengo, he tomado el hábito de ni siquiera encender la televisión en un hotel.

Mi amigo Joe se niega a mirar televisión cuando está solo. Si su esposa Esther no anda por allí, hace alguna otra cosa. ¿Qué pasos debes dar para honrar a Dios al mirar televisión?

Periódicos y revistas

¿Tienes cuidado con lo que lees? Los periódicos y las revistas actuales están condimentados con un contenido diseñado para despertar la lujuria. Aunque no haya fotografías que acompañen al artículo, nuestra lujuria puede alimentarse mediante el chisme sobre la vida amorosa de las celebridades, un artículo acerca de la sexualidad que minimiza el pecado o un cuento que pinta a la fornicación desde un enfoque atractivo. Puede parecer que no es gran cosa, pero todo suma.

Para algunos, obedecer a Dios en esta esfera significa no leer en absoluto algunas revistas. Un muchacho que conozco se dio cuenta de que no podía tomar una de las revistas

People de su madre debido a las fotografías impúdicas. Otro pasa por alto la sección de «Modas» del periódico porque muchas veces trae artículos y temas que lo tientan. Una joven llamada Natalie aparta sus ojos de las portadas de las revistas para mujeres y de los periódicos sensacionalistas cuando hace las compras. «Esas revistas me dicen que debo verme sensual como las celebridades. No quiero tragarme esas mentiras, así que miro derecho a la cajera. ¡Cuento los cupones! Encuentro la manera de que mi mente no se llene de imágenes e ideas que atacan de forma directa la feminidad y la pureza bíblicas».

Música

La buena música logra mover nuestros corazones para que amen a Dios; la música pagana puede atraernos a que amemos el pecado. Ninguna persona es inmune a la influencia de la música con un contenido pecaminoso. Los músicos a los que escuchamos se convierten en nuestros compañeros y Dios dice que el que con necios se junta, terminará sufriendo daños (Proverbios 13:20).

¿Quiénes son tus compañeros? ¿Qué tienes en tu reproductor de CD o de MP3? ¿Te ayuda o te resulta un obstáculo en tu lucha contra la lujuria? Hay mucha música hoy en día, sea cual sea su estilo, que celebra y alienta la lujuria. Y ni siquiera me refiero a la manera en que los artistas se visten o se presentan en los vídeos; tan solo las letras pueden alentar malos deseos. No permitas que un buen ritmo o una melodía pegajosa justifiquen que escuches música que presenta al pecado como bueno. Vuelve a programar la radio de tu automóvil. Tira algunos CD. Escucha música que acerque tu corazón a Dios.

Libros

Muchas mujeres que conozco han tenido convicción de pecado por proveer para la lujuria mediante la lectura de novelas románticas. «En mi caso, comenzó a los doce años», me escribió una joven de diecinueve años llamada Kelsea. «En mi vida no experimentaba el romance y lo deseaba en forma desesperada, así que me incliné hacia lo que llamaba las novelas románticas de "pornografía suave"».

El efecto de alimentarse con esta lectura no fue bueno. «Tenía pensamientos en verdad perversos», confesó. Las escenas de pasión ilícita con las cuales había llenado su mente la llevaban a tener deseos impuros.

Kelsea se arrepintió y se deshizo de los libros. Después, comenzó a leer novelas románticas cristianas, pero incluso entonces descubrió que se sentía tentada. «Las escenas sensuales en una novela romántica cristiana no son gráficas en absoluto, pero sencillamente todo el asunto del romance me traía de vuelta a la mente otras escenas que había leído en novelas seculares. Hace poco me di cuenta de que no puedo leer nada de esto», dijo Kelsea. «Ha sido difícil, pero me he dado cuenta de que al no leer ninguna literatura romántica, y a través del ayuno y la oración, la lujuria en mi mente está quedando bajo control de verdad. ¡Alabado sea Dios! Todavía tengo mis momentos, pero son muchos menos que antes».

Internet

Para muchos hombres y mujeres, la Internet no es tan solo una pequeña batalla; es el principal campo de batalla en el que son tentados a diario para consentir su lujuria. A fin de escapar de esta tentación se requiere una acción radical. Si estás en esta situación, no pierdas la esperanza. Por favor, sigue leyendo. Muchos hombres y mujeres han encontrado la victoria sobre esta tentación específica.

Si no tienes luchas con la pornografía en línea, muy bien, pero por favor, no supongas que estás a salvo. Si no estás dispuesto a pelear las pequeñas batallas de la pureza en esta esfera hoy, es muy probable que termines atrapado en algo mayor en los días venideros.

«Solía conectarme en línea para mirar las fotografías de la ropa que usaron las celebridades en las últimas entregas de premios», me contó una muchacha. «No era pornografía y, al principio, no lo buscaba con el propósito de alimentar la lujuria, pero me di cuenta de que la combinación de toda la carne que veía y los estilos de vida representados no me ayudaban a amar a Dios». Así que no lo hizo más.

¿Coqueteas con la lujuria en línea? ¿Existen sitios en la red que visitas en los que se presentan imágenes o contenidos que, aunque no sean pornográficos excitan deseos pecaminosos en tu corazón? Deja de frecuentarlos.

No permitas que el pecado encuentre un punto de apoyo. Sé radical. No te conectes a la Internet cuando estás a solas por la noche o en ningún momento en el que te sientas débil. Un muchacho que conozco canceló por completo su acceso a la Internet. Conozco a otras personas que siempre tienen la computadora mirando hacia la puerta para que los demás vean lo que están mirando cuando pasan frente a la habitación. Algunos utilizan programas que envían de forma automática por correo electrónico una lista de todos los sitios que han visitado a un compañero al cual le rinden cuentas.

Correspondencia

No sé qué sucede en tu casa, pero a nuestro hogar llegan por correo toda clase de catálogos de vestimentas sensuales y provocativas sin que nadie los haya pedido. He llegado a darme cuenta de que hasta recibir la correspondencia es un campo de batalla. ¿Los arrojaré a la basura de inmediato o les echaré una miradita y daré vuelta algunas páginas para sentir esa excitación pasajera?

He luchado contra esto en varias maneras. En primer lugar, le he pedido a mi esposa, Shannon, que me ayude a sacar estos catálogos de nuestro hogar. Ella es, por lo general, la que recibe la correspondencia y la revisa. Hasta ha llamado a algunas compañías y les ha pedido que saquen nuestra dirección de su lista de correspondencia. Si eres un tipo que tiene una lucha similar, pídele a tu esposa o madre que te ayude en esta esfera dejando tu hogar libre de estas tentaciones innecesarias.

Las muchachas también deben tener cuidado. «Mis compañeras de cuarto y yo arrojamos de inmediato a la basura los catálogos cuestionables», me dijo Grace. «No solo no queremos que esas cosas anden dando vueltas por allí cuando vienen nuestros amigos, sino que también deseamos protegernos nosotras mismas de la envidia de los cuerpos que viene como resultado de mirarlas. Esa no es la verdadera definición de Dios de la belleza y no debemos permitir que sea la nuestra».

En público

Mi amigo Bob describe el verano como una época en que hay que «mirar la acera». Algunas veces cuando estás en público, la acera parece el único lugar al que puedes mirar sin que te tiente la impureza sexual. Sin embargo, más allá de la estación del año que sea, los hombres y las mujeres vestidos de manera indecente siempre van a estar a nuestro alrededor. Debemos optar por honrar a Dios con nuestros ojos y no permitir que se vayan detrás de otros de manera lujuriosa.

Una muchacha llamada Tatiana me contó cómo Dios le mostró que su pasatiempo «inofensivo» de mirar qué tal estaban los muchachos era en realidad peligroso y alimentaba la lujuria. Otra muchacha llamada Lauren confesó: «Siempre que tengo una relación con un muchacho, mis ojos se desvían de él en busca de algo mejor. Me asusta de verdad porque sé que si no dejo de hacerlo ahora, lo haré incluso después que Dios me bendiga con un esposo temeroso de Él. Esta es una verdadera lucha para mí. Literalmente tengo que mirar para el otro lado».

Como esta es una tentación más común, quizá parezca más fácil ceder ante ella o suavizar las normas. No lo hagas.

Puedes obedecer a Dios con tus ojos. Puedes apartar la vista. No tienes por qué dar una segunda mirada ni permitir que tus ojos se detengan mucho tiempo en alguien.

Me hace bien recordar que mis ojos obedecen en forma activa a mi corazón. No tienen voluntad propia. Me obedecen. Por lo tanto, mi tarea es ordenarles que obedezcan a Dios. No tienen por qué ver todo lo que los rodea. Si una muchacha atractiva pasa frente a mí, no tienen por qué inspeccionar su cuerpo, sino que deben obedecer a Jesucristo. Le he ofrecido mis ojos a Dios para que los use para su servicio. Como Jesús murió por mí, mis ojos dejaron de ser herramientas al servicio del pecado; deben y pueden obedecer a Dios (véase Romanos 6:13).

Actúa sobre la base de lo que sabes

¿Reconoces algún disparador de la lujuria en tu propia vida? Por supuesto, esta lista no es exhaustiva. Aun cuando tu lucha específica no se haya enumerado, puedes esforzarte por identificar dónde luchas contra la lujuria.

Tómate algunos minutos para formularte tu propio plan a fin de luchar contra la lujuria. Toma una hoja de tu diario personal:

1. Confecciona tu propia lista de los tres principales disparadores de la lujuria. ¿Cómo puedes evadirlos?
2. ¿Qué momento del día o de la semana son en los que te sientes más tentado? ¿Qué puedes hacer para prepararte para esos momentos?
3. ¿Qué lugares son los que te resultan más tentadores? ¿De qué manera puedes limitar el tiempo que pasas allí?
4. ¿Cuáles son las cinco batallas que debes librar con mayor fidelidad? Describe en detalle cómo ves la lucha, y la victoria, en estas batallas.

Algunas veces, escribir tu propio plan a la medida puede ser desalentador. ¡El pecado se ve peor cuando se registra en un papel! Aun así, piensa en cuánto mejor preparado estarás después de este sencillo ejercicio. Tendrás mayor conciencia de las esferas en que eres débil y estarás mejor preparado para resistir la lujuria. No es un plan infalible y no te quita la necesidad de depender de manera activa del Espíritu de Dios.

No es más que una manera de cooperar con la obra que Dios tiene que hacer en ti.

Deberás actualizar esta información de manera constante. La manera en que tengas que luchar contra la lujuria cambiará. Es probable que haya épocas en que algo que nunca antes te tentó se convierta en un serio problema. Prepárate para esa posibilidad y responde con rapidez.

También recuerda que no alcanza solo con sentirse mal por algo ni con que te desagraden las consecuencias de la lujuria. El verdadero arrepentimiento es un cambio de rumbo. Implica darle la espalda al pecado y encaminarse hacia Dios sustituyendo las acciones pecaminosas por acciones justas. El genuino arrepentimiento se desprende de un sincero pesar por el pecado ya que va en contra de Dios y luego conduce a un verdadero cambio en la manera que piensa y vive la persona. Mi amigo y colega en el pastorado John Loftness ha creado una práctica lista de siete pasos llamados «El camino del arrepentimiento» que recorre este proceso. He incluido la lista en este libro como un apéndice.

Debes estar dispuesto a actuar en forma específica y drástica. ¿Hay cosas en tu casa que debes arrojar a la basura? ¿Tienes hábitos que debes cortar de manera decisiva hoy mismo? Sé drástico por amor a la santidad. Jesús dijo: «Y si tu mano derecha te es ocasión de caer, córtala, y échala de ti; pues mejor te es que se pierda uno de tus miembros, y no que todo tu cuerpo sea echado al infierno» (Mateo 5:30). Jesús usó este ejemplo extremo para ilustrar hasta qué punto debemos estar dispuestos a hacer lo que sea necesario para evadir el pecado.

Tuve que hacerle frente a una de estas decisiones difíciles cuando comencé a ir a un gimnasio local. Había firmado un compromiso de asistencia de un año de duración y comencé a ejercitarme por las mañanas; pero a las pocas semanas supe que algo debía cambiar. A cada momento tenía tentaciones y muchas veces sucumbía ante la tentación de mirar a las mujeres de manera lujuriosa.

Para mí, este era un campo de batalla importante. Oré al respecto y sentí con fuerza que Dios deseaba que ejecutara una acción drástica y dejara de ir. Seré sincero. Esta fue una decisión difícil por varias razones. En primer lugar, porque tenía que pagar el año entero de mi membresía en el gimnasio. Aunque también porque muchos de mis amigos cristianos eran miembros y no luchaban para guardar sus ojos como yo. Mi orgullo se vio herido al tener que admitir que no era capaz de enfrentar la situación de estar allí. Quería estar por encima de la tentación, pero no era así. De modo que dejé de ir y comencé a hacer ejercicios en casa.

¿Existe algo que Dios desea que cortes en tu vida? Actúa de acuerdo a lo que Dios te muestre. No te engañes al pensar que la lectura de este capítulo ha cambiado todo en tu vida; el cambio tendrá lugar en la medida que obedezcas. No basta con escuchar la verdad y estar de acuerdo; debemos hacer lo que dice (véase Santiago 1:21-22).

COMIENZA CON UNA COSA

¿Y si hay cientos de cosas sobre las cuales debes actuar? Una vez, luego de hablarle a un grupo de estudiantes universitarios sobre librar las pequeñas batallas contra la lujuria, una joven se acercó para hacerme una sincera pregunta. «Quiero hacer lo que usted dice», expresó, «pero tengo la impresión de que tendré que pensar en este asunto todo el tiempo. ¿No me volveré loca?».

Quizá parezca que las pequeñas batallas se encuentran en todas partes y esto te puede hacer sentir abrumado. ¿Por dónde comenzamos?

La verdad es que no podemos hacer frente a todo al mismo tiempo. Es por eso que mi consejo es que elijas una esfera para comenzar. Escoge un asunto específico de tu lista y concéntrate en eso. Llévalo a Dios en oración. Arrepiéntete de tu apatía hacia el pecado y determina qué implica la obediencia.

Luego procura ser fiel en esa esfera. Tómalo con seriedad. Ora al respecto. Pelea las pequeñas batallas. Huye de la tentación. En la medida en que Dios te dé gracia para cambiar en este aspecto, puedes seguir con otro.

Lo que no debes hacer es sentirte tan abrumado por toda la lujuria que hay en tu vida como para paralizarte. Sencillamente ve paso a paso. Los pasos tal vez te parezcan insignificantes, pero no lo son. Dios se regocija frente al más mínimo acto de obediencia. Y al humillarte y clamar en oración por su ayuda, te dará cada vez más gracia para cambiar. Mantén tus ojos fijos en Jesús. «Considerad a aquel que sufrió tal contradicción de pecadores contra sí mismo, para que vuestro ánimo no se canse hasta desmayar» (Hebreos 12:3).

No te canses. La constancia en las pequeñas esferas fortalecerá poco a poco tu espíritu. Así como se suman los compromisos, también crecerán tus fieles inversiones en la santidad.

capítulo cinco

Muchachos y muchachas

*¿Cuáles son nuestras diferencias y cómo
nos ayudamos los unos a los otros?*

Cuando di el mensaje que inspiró este libro, me dirigí a una audiencia masculina en su totalidad, pero las primeras palabras que dije estuvieron dirigidas a cualquier mujer que pudiera querer escuchar el casete de mi charla. «Dejemos algo en claro», dije con una sonrisa, «¡este mensaje *no* es para ti!» La audiencia de hombres protestó.

«Y no me vengan con la excusa de que quieren "entender a sus hermanos"», continué. «Nada de eso, apaga el aparato ahora mismo».

Los muchachos estaban de acuerdo en que hubiera sido muy embarazoso que hubiera mujeres escuchando la sesión de lujuria «exclusiva para hombres». Estábamos seguros de que si las muchachas supieran cómo luchamos contra la impureza, nos hubieran dado por una partida de animales obsesionados con la sexualidad. Entre los hombres existe la creencia de que la lujuria es cuestión de muchachos y que las muchachas no pueden entenderlo.

Sin embargo, a los pocos días recibí pedidos de muchas mujeres que deseaban escuchar el casete. Varias planearon hablar del asunto en grupos pequeños. Escucharon a los muchachos que hablaban sobre el mensaje y desearon escucharlo no porque desearan «entender» a los hombres, sino porque también ellas luchaban contra la lujuria.

Supongo que no debiéramos sorprendernos tanto, después de todo, el pecado es pecado. Aun así, pensaba que los hombres teníamos el monopolio de la lujuria. He aprendido que los hombres y las mujeres tienen más en común de lo que se piensa. En este capítulo quiero examinar lo que ambos tienen en común en cuanto a la lujuria, en qué somos diferentes y cómo podemos ayudarnos los unos a los otros.

Comencemos por desenmascarar los errores conceptuales más persistentes que tenemos con respecto al otro género.

LAS MUJERES TAMBIÉN
TIENEN LUCHAS

Al hablar de la lujuria, el mayor error con respecto a las mujeres es que solo luchan contra la lujuria en el ámbito emocional. A lo largo de los años muchos libros cristianos (el mío incluido) han enfatizado en que los hombres luchan con el aspecto físico y deben guardar sus ojos, en tanto que las mujeres tienen que luchar contra sus emociones. Y si en esta generalización no se hacen las salvedades correspondientes, la gente quizá se quede con la impresión de que las mujeres *nunca* tienen que luchar con la lujuria como un deseo físico lisa y llanamente, ni que su lucha contra la lujuria sea menos real. Esto no es cierto. «¡Las mujeres también tenemos impulsos sexuales!», me escribió una mujer llamada Katie. «Créame, como mujer virgen de veintidós años, sé lo que digo».

Mi objetivo no es convencer a nadie de que las mujeres luchan contra la lujuria tanto como los hombres o de la misma manera; en definitiva, no es lo que importa. No obstante, muchas mujeres luchan contra la lujuria en lo que se podrían llamar formas masculinas tradicionales: la tentación de mirar pornografía, de masturbarse, de concentrarse en el intenso deseo físico hacia la relación sexual. Muchas veces estas mujeres tienen impedimentos en su lucha contra la lujuria porque las consume la vergüenza sobre las maneras en particular en las que luchan. «Parece que estuviera luchando contra algo que es para muchachos», dijo una joven.

«Es asombrosa la falta de recursos para mujeres que hay en este asunto», me escribió Carla. «No hay seminarios para nosotras. El aspecto de la lujuria femenina está envuelto en la niebla y las mujeres tienen la necesidad de entender las raíces de su lucha».

Otra mujer llamada Kathryn dijo que la lujuria parecía ser un tema tabú entre sus amigas cristianas. «Algunas veces tengo la clara impresión de que soy la única cristiana que tiene este problema», explicó.

No eres la única mujer que tiene que hacerle frente a la lujuria física. La Palabra de Dios dice: «Ustedes no han sufrido ninguna tentación que no sea común al género humano. Pero Dios es fiel, y no permitirá que ustedes sean tentados más allá de lo que puedan aguantar. Más bien, cuando llegue la tentación, él les dará también una salida a fin de que puedan resistir» (1 Corintios 10:13, NVI).

Mujeres, no importa si el impulso sexual que tengan sea tan fuerte como el de los muchachos o si no se compara con el de las otras muchachas que conocen. Lo que importa es si buscan en Dios la fuerza para controlar sus deseos. Lo que importa es si huyen de la tentación o no y si persiguen la santidad porque aman al Señor.

¿Son unos monstruos todos los hombres?

Uno de los mayores errores que existen con respecto a los hombres es que su problema con la lujuria es mucho peor y más serio que lo que puede ser el de una mujer. En otras palabras, los hombres son monstruos en tanto que las mujeres son inocentes y puras.

Lo cierto es que la lujuria de los hombres es más evidente, pero no necesariamente más pecaminosa. Los muchachos tienen mayor tendencia a lo visual, y como resultado, su lujuria es más visible. Además, como Dios creó al hombre para que tomara la iniciativa y buscara a la mujer, sus expresiones de lujuria son, por lo general, más agresivas y descaradas.

He aquí la pregunta: ¿La lujuria de un muchacho, que es descarada y evidente, es peor que la de una muchacha que es más refinada y sutil? Una joven de diecinueve años llamada Stacey no piensa que sea así. Me escribió la siguiente carta en que me contaba cómo Dios le había traído convicción de pecado sobre muchas de las «inofensivas» expresiones de lujuria de las mujeres.

Durante el lapso del año pasado, me he dado cuenta de lo bien preparada que está mi mente para la lujuria en las miradas que les doy a los muchachos. Los muchachos pueden ser objetos de la lujuria tanto como las mujeres. Si pudiera contar cuántas películas

he ido a ver con mis amigas solo porque en ella traba-
jaba algún actor lindo, me avergonzaría al ver la cantidad. También están los programas de televisión y las
portadas de las revistas. Toda nuestra cultura piensa
que es perfectamente normal que a las muchachas se
nos caiga la baba frente a un tipo erótico; en realidad,
alienta esta actitud. En la secundaria, pasé tres años
en los que era fanática de un muchacho que tocaba en
la banda y del que no diré el nombre. Fui a innumera-
ble cantidad de conciertos en los que gritaba y corría
hacia delante tratando de acercarme lo más posible al
escenario. Si eso no es lujuria, no sé qué lo es. Reducía
el valor de un muchacho a la baja condición de cuán
atractivo era en el aspecto físico.

No nos ayuda pensar que una muchacha que experimenta la impureza sexual mientras mira una comedia romántica
es menos desobediente que un muchacho que experimenta
sensaciones mientras mira una película prohibida para
menores que contiene desnudos. Los dos les dan concesiones a la lujuria.

Lo que quiero destacar es que ninguno de nosotros
debiera sentirse a salvo porque nuestras expresiones de lujuria son aceptables o civilizadas según nuestra cultura. No lo
digo por excusar el pecado de ningún hombre ni para sacar a
nadie del atolladero. No quiero decir que los muchachos no

sean malos. Lo que quiero decir es que *toda lujuria es mala*. Alejados de la gracia de Dios que opera en nosotros y nos cambia, todos somos monstruos. De cualquier forma en que se exprese la lujuria, está motivada por el deseo pecaminoso hacia lo prohibido. La lujuria siempre se basa en la misma mentira: la satisfacción se puede encontrar fuera de Dios.

¿De qué manera somos diferentes?

Aunque tenemos muchas cosas en común, Dios ha hecho a los hombres y a las mujeres diferentes de forma gloriosa. Nos crearon para complementarnos el uno al otro. Tenemos diferentes puntos fuertes. Tenemos «conexiones» diferentes en el aspecto sexual.

Al referirnos a las diferencias entre los hombres y las mujeres, las siguientes declaraciones son, por lo general, precisas y pueden servirnos de ayuda si las tenemos en cuenta:

- A menudo el deseo sexual del hombre es más físico, en tanto que el de la mujer se encuentra, casi siempre, más arraigado en los anhelos emocionales.
- En general, el hombre está programado para ser el que inicie la relación sexual y su estimulación es visual; la mujer casi siempre está programada para ser la que responda en lo sexual y se estimula mediante el contacto físico.

- El hombre se creó para buscar e incluso la búsqueda le resulta estimulante; la mujer se creó para que la busquen e incluso le resulta estimulante que la busquen.

¿No es maravilloso cómo Dios ha hecho a los hombres y a las mujeres para que interactúen el uno con el otro? Hizo a los hombres con una inclinación a lo visual, entonces hizo que las mujeres fueran hermosas. Hizo que los hombres sean los que inician, entonces diseñó a las mujeres para que disfrutaran al buscarlas. En el corazón de todo hombre existe el deseo innato de cortejar y ganar el afecto de una mujer. Dios planta en el corazón de una muchacha desde temprana edad el deseo de ser atractiva. Todo esto es parte del maravilloso diseño de Dios.

Cuando comprendemos el plan de Dios, esto nos ayuda a ver por dónde tratarán los deseos lujuriosos de sabotear el propósito original. La lujuria siempre comienza con algo bueno, como los espejos de los parques de entretenimiento, toma el diseño de Dios y luego lo distorsiona.

PLACER Y PODER

La lujuria empaña y tuerce la verdadera masculinidad y femineidad en maneras dañinas. Hace que el buen deseo de un hombre de buscar se reduzca a «capturar» y «usar», y que el buen deseo de la mujer de ser hermosa se reduzca solo a la «seducción» y la «manipulación». En general, parece que a los hombres y a las mujeres los tienta la lujuria de dos maneras exclusivas: a los hombres los tienta el *placer* que ofrece la lujuria, en tanto que a las mujeres las tienta el *poder* que ofrece ella.

El móvil de la lujuria de un muchacho es, por lo general, el deseo de sentir placer sensual y físico. El beneficio que la lujuria le ofrece es sentirse bien. La lujuria del hombre lo lleva a separar el cuerpo de una mujer de su alma, mente y persona y a usarla en busca de su placer egoísta. ¿No es por eso que la mayor parte de la pornografía está dirigida a los hombres y pinta a las mujeres que se presentan de forma exclusiva para el placer del hombre? La pornografía refuerza la mentira de que las mujeres son juguetes sexuales para que los hombres las disfruten, que a las mujeres les gusta que las usen, no que las amen ni que las valoren. Algunos hombres prefieren masturbarse mirando pornografía en vez de entablar una relación real con una mujer porque esto les permite vivir en la fantasía de que su propio placer es todo lo que importa.

Por supuesto, la mujer quizá sienta la tentación de una manera similar, pero pareciera que la lujuria no le llega de una manera tan natural. Lo que sí le llega en forma natural es el deseo de intimidad. Entonces, cuando ve a un hombre seductor en un anuncio publicitario, puede sentirse tentada a fantasear con la idea de tener una relación sexual con él, pero lo más probable es que esta tentación se encuentre arraigada en una fantasía ligada a una *relación* con él, en la cual el placer físico es un punto secundario frente a su anhelo de atención apasionada e intimidad emocional.

La lujuria les ofrece a los hombres el placer de la sexualidad sin el esfuerzo que demanda la intimidad. A las mujeres les ofrece el poder de obtener lo que quieren en el aspecto relacional si usan su sexualidad para seducir. Una vez, el doctor Al Mohler hizo una declaración escandalosa, pero a la vez precisa: «Los hombres se sienten tentados a entregarse a la pornografía; las mujeres se sienten tentadas a producir pornografía». Si eres una mujer, no tienes necesidad de posar para una fotografía ni de estar en el elenco de una película pornográfica para producir pornografía. Cuando te vistes y te comportas de una manera diseñada en principio para despertar el deseo sexual en un hombre, produces pornografía con tu vida.

«Creo que la raíz de la lucha contra la lujuria de las mujeres es que desean dominar a los hombres, desean controlarlos y manipularlos mediante el atractivo sexual», me escribió una mujer casada de Knoxville. «Si una pareja camina por la calle y los dos ven un anuncio publicitario muy seductor, los dos se pueden sentir tentados por la lujuria, pero en diferentes maneras. El hombre se puede sentir tentado hacia el placer sexual con la mujer del anuncio, pero las mujeres deseamos parecernos a la mujer del anuncio porque sabemos que eso es lo que quieren los hombres».

Una mujer llamada Josie está de acuerdo: «Existe un grado de poder en la seducción, aunque tenga una corta duración y sea falsa. Las mujeres sabemos que tenemos la habilidad de hacer que un hombre haga lo que queremos al vestirnos y actuar de cierta manera».

Diane evita los anuncios publicitarios de lencería y las vidrieras de los negocios. Debido a su pasado pecado sexual y a que solía vestirse de manera seductora para atraer a los muchachos, ver esas imágenes le desencadena ira y frustración. Se ha dado cuenta de que una de las maneras en que la mujer pone en práctica la lujuria es al incitarla en los hombres.

¿Qué te tienta? Reconoce que muchas veces estas tentaciones se intercambian entre los sexos. Todos podemos sentirnos tentados ante el placer y el poder que ofrece la lujuria; pero si comprendemos cuál es la inclinación habitual del hombre y de la mujer frente a uno o al otro, podemos encontrar ayuda para crear nuestro plan a la medida para luchar en contra de la impureza sexual. Una vez que identificamos la mentira específica que nos dice nuestro deseo lujurioso, podemos cambiar esta falsa promesa por la verdad específica de la Palabra de Dios. En el capítulo 9 veremos cuáles son las promesas de la Escritura. Por ahora, basta con entender que debemos hacerle frente a estas tentaciones con la verdad de que solo Dios puede darnos un placer duradero y que solo Él puede satisfacer nuestro deseo de intimidad.

¿Cómo nos ayudamos el uno al otro?

Como la mayoría de las veces somos la fuente de tentación del otro, creo que los hombres y las mujeres podemos hacer mucho para alentar al otro en nuestra búsqueda común de la santidad.

No me refiero a que los hombres y las mujeres deban rendirle cuentas al otro en cuanto a su lujuria. En realidad, recomiendo de manera enfática que un hombre y una mujer no deben hablar sobre la lujuria a menos que estén comprometidos o casados. Nuestros corazones son engañosos, y si hablamos de este tema con alguien del sexo opuesto, podemos sentirnos invitados a la tentación. Por lo tanto, los hombres debieran rendirle cuentas a un hombre y las mujeres a una mujer.

Dicho todo lo anterior, podemos hacer mucho para ayudar al otro. La interacción que tenemos con el sexo opuesto puede fortalecer la resolución del otro de huir de la tentación. En 2 Timoteo 2:22 dice: «Huye también de las pasiones juveniles, y sigue la justicia, la fe, el amor y la paz, con los que de corazón limpio invocan al Señor». Pablo le dijo a Timoteo que buscara la santidad junto a otros cristianos. Esta debe ser nuestra meta como hombres y mujeres cristianos.

Para muchachos

Comencemos por la manera en que los muchachos pueden servir a sus hermanas. Debemos tomar en cuenta las tres afirmaciones antes enumeradas sobre la sexualidad femenina:

- Su deseo a menudo se arraiga en anhelos emocionales.
- Se estimulan mediante el contacto físico.
- Las excita que las busquen.

Estos hechos deben modelar la manera en que interactuamos con las mujeres. Debemos tomar en serio estas características. ¿Alguna vez has interactuado con una muchacha vestida de manera indecente y has deseado de verdad que tuviera idea de cuánto te afecta su vestimenta? Bueno, como muchacho debes darte cuenta de que ciertas cosas que haces y que les dices a las muchachas son el equivalente del escote para el varón: sencillamente no ayudan a nuestras hermanas. ¡Necesitamos tener idea!

Es probable que una de las cosas reverentes más importantes que pueden hacer los hombres solteros para ayudar a sus hermanas solteras sea actuar de manera activa como si fueran sus hermanos. No huyan de las relaciones con ellas. El hecho de ayudarlas a que guarden la pureza no significa que las tengan que evadir. Significa preocuparse por ellas y extenderles una genuina amistad. Podemos alentar a las mujeres cristianas que conocemos y que sirven a Dios con pasión. Podemos darles las gracias a las que se visten con modestia. Por último, podemos orar por nuestras hermanas. ¿Alguna vez has orado a Dios para que ayude a las mujeres que conoces a encontrar la satisfacción en Él? Tómate el tiempo para pedir a Dios que las ayude a amar la santidad y a evadir las visiones equivocadas de femineidad que les ofrece sin cesar el mundo. Ora para que Dios las ayude a ser virtuosas, no seductoras. Tus oraciones y tu amistad lograrán mucho más de lo que te imaginas.

Para las muchachas

Pueden ayudar a los muchachos en su lucha contra la lujuria si toman conciencia de cuánto les llama la atención su cuerpo a los muchachos. Es difícil que pase un momento en el que a un muchacho no le llame la atención tu cuerpo, y no es necesario que tengas el cuerpo de una modelo de portada de revista. Si eres mujer, esto se ajusta a ti. Esta realidad debiera influir en tu forma de vestir así como en la forma en que interactúas de manera física con los muchachos. Una joven que conocí en la escuela secundaria estaba del todo ajena a cuánto les afectaba a los muchachos sus abrazos amistosos y de frente por completo. Muchachas, ¡no abracen así a los varones! A mi amigo Nick le gustó en secreto esta muchacha durante dos años, y los llamaba «abrazos de pechos»; esperaba recibir uno todos los miércoles en el grupo de jóvenes. La joven lo hacía de manera amistosa, pero Nick disfrutaba con lujuria la oportunidad de sentirse presionado contra su cuerpo.

Cuando digo que a los muchachos les llama la atención tu cuerpo, no implica que siempre se les caiga la baba por cualquier mujer con la que estén (aunque es posible). Me refiero a que en cualquier interacción con una mujer, un hombre sano es consciente de que eres una mujer y que tienes un cuerpo con el cual a sus deseos pecaminosos les encantaría cometer impurezas sexuales. El hombre cristiano que procura resistir la lujuria, nunca alcanza un estado en el que no le llame más la atención el cuerpo de una mujer. Solo aprende a tomar la decisión de no mirar. Por lo tanto, un muchacho cristiano que quiere vivir en santidad desea en realidad (o debiera desearlo) verte como una hermana y mantener el contacto de mirada a mirada, no el que va de los ojos a alguna otra parte; pero cuando usas ropa que acentúa, que llama la atención o resalta las partes femeninas de tu cuerpo, es como si te pusieras un cartel de luces de neón que señalan justo lo que él está tratando de no permitir que lo consuma. Por supuesto, los muchachos pueden resistir la tentación de la lujuria, y nuestra responsabilidad es hacerlo, pero tu manera indecente de vestir hace que sea muy difícil.

Sé que hablar sobre carteles de luces de neón puede sonar a broma, pero la indecencia, en realidad, no es graciosa. Pídele a Dios que te ayude a ver lo egoísta e indiferente que es el deseo de usar tu cuerpo para alentar la lujuria de tus hermanos. Tal vez te haga sentir bien contigo misma, pero a ellos los puedes alentar a pecar. La manera en que te vistes puede ser una ayuda o un impedimento para los hombres que te rodean y que tratan de resistir la lujuria.

Mi esposa, Shannon, lo expresa muy bien cuando dice que hay una diferencia entre vestirse de manera atractiva y vestirse para atraer.

Consejo para las parejas

¿Y si te encuentras en una relación? ¿De qué manera se ayudan el uno al otro? En primer lugar, reconoce que la lujuria es el mayor enemigo de una relación saludable y reverente. Si amas a Dios y se aman el uno al otro, opten por detestar la lujuria. No la alimenten en su relación. No dejarán de desear más hasta que la relación esté arruinada. Tal vez has estado en una relación que estuvo plagada de lujuria. Si es así, ya sabes cómo se desarrolla la historia. La lujuria sigue presionando y cada paso que das en el camino se vuelve cada vez menos satisfactorio. Sin duda, hay un placer inmediato, pero es un placer que te deja con un profundo deseo persistente que no se va.

Es triste, pero lo que muchas parejas descubren es que la lujuria no deja de pincharlos una vez que han «recorrido todo el camino». En el caso de la lujuria, no existe tal cosa como «todo el camino». En definitiva, la lujuria no desea la relación sexual, desea lo prohibido y está dispuesta a hacerte caer cada vez más profundo en la perversión si le consientes su última petición.

Si tienen citas o incluso están comprometidos, por favor, no hagan transacciones con la lujuria con la idea de que desaparecerá luego de la boda. Si alimentan la lujuria ahora, después seguirá creciendo. Querrá más. No sean transigentes antes del matrimonio, ya sea que les falte una semana o un año para casarse. Dios desea que guarden su lecho matrimonial (Hebreos 13:4). El alivio sexual no es el antídoto de la lujuria. Si piensas que lo es, te llevarás una triste sorpresa: la lujuria te estará esperando cuando regreses de tu luna de miel con toda una nueva tanda de mentiras.

¿Tu relación está bajo la garra de la lujuria? Retrocede un paso y suspéndela. ¿Dios desea que estés con esta persona? Si luego de la oración y el consejo de hombres y mujeres piadosos, a los dos les parece que Dios desea que estén juntos, comprométanse con la pureza de una manera radical. Si es posible, vayan derechito al matrimonio, corten por completo el contacto físico e involucren a otras parejas temerosas de Dios en sus vidas. *Pueden* tomar la decisión de honrar a Dios con sus cuerpos. El hecho de haber estado involucrados físicamente en el pasado o incluso de haber tenido relaciones sexuales juntos no quiere decir que ya no importe la santidad.

Mis dos primeros libros tienen capítulos que tratan este asunto en detalle. Pueden leerlos solos o como pareja. Si no tienen los medios para comprarlo, vayan a una librería y lean los capítulos titulados «La dirección de la pureza» en

Le dije adiós a las citas amorosas y «El verdadero amor no solo espera», como también «Cuando el pasado toca a tu puerta», en *Él y ella*. Espero que te sirvan de ayuda.

Estamos juntos en esto

La lujuria intenta usar lo que conocemos sobre las debilidades del sexo opuesto para manipularlas. ¿No es maravilloso que como hermanos y hermanas en Cristo usemos esta misma información para ayudarnos a buscar la santidad?

Ser miembros de la familia de Dios debe transformar nuestra visión del sexo opuesto. No tratamos de obtener algo del otro: tenemos el llamado a dar, amar y cuidarnos el uno al otro. No debiéramos ver al sexo opuesto como un puñado de seres que pueden llegar a ser nuestra pareja: son hombres y mujeres creados a la imagen de Dios, por los cuales Cristo murió para salvarlos. ¡Son familiares! No solo se nos dio la responsabilidad, sino también el increíble privilegio de cuidarnos el uno al otro hasta el punto de luchar y sacrificarnos por el otro. Esta es la esencia del verdadero amor. En 1 Juan 3:16 dice: «En esto hemos conocido el amor, en que él puso su vida por nosotros; también nosotros debemos poner nuestras vidas por los hermanos».

¿Puedes imaginar la rectitud que podría nacer si estuviéramos dispuestos a poner nuestras vidas los unos por los otros? ¿Te imaginas la gloria que recibiría Dios si dejáramos de seducirnos y de usarnos y comenzáramos a guardarnos y protegernos? Como Cristo nos liberó del poder del pecado, no tenemos por qué entregarnos a la pornografía ni producir pornografía; podemos entregarnos a la santidad y a producir actos de pureza como expresiones de adoración a Dios y de amor hacia los demás.

capítulo seis

La sexualidad egocéntrica

¿Qué hago con la masturbación?

En caso de que estés buscando, este es el capítulo sobre la masturbación. No te sientas mal si lo buscaste. He hecho lo mismo. Tomaba un libro que hablara de la pureza sexual, miraba el índice y enseguida me dirigía al capítulo titulado «La palabra que empieza con M» o «¿Qué hay de la masturbación?»

¿Por qué ir allí primero? Supongo que sea porque deseo conocer la opinión del autor. Deseo que alguien me ayude a entenderlo. No es con exactitud la clase de tema que uno saca porque sí. Muchos hombres y mujeres que conozco casi no se atreven a decir la palabra. «¿Puedo llamarla simplemente estimulación propia?», me preguntó un muchacho una vez en un correo electrónico.

Más allá de cómo la llamemos, la masturbación es algo a lo que tienen que hacerle frente de igual manera la vasta mayoría de hombres y mujeres. En realidad, muchos se encuentran atrapados en un ciclo de derrota y vergüenza. Intentan detenerse, pero no pueden. Le prometen a Dios que nunca más lo volverán a hacer, pero fracasan. La masturbación se convierte en el punto decisivo en su relación con Dios. Están desesperados en busca de respuestas, ¿algo de lo que hacen está mal o simplemente debieran dejar de intentar resistirla?

Como la Escritura no nombra de forma específica el acto de la masturbación, entre los cristianos ha estallado un acalorado debate y existe un amplio despliegue de opiniones sobre este asunto. Un libro cristiano dice que está mal y el otro dice que no hay ningún problema. Un experto dice que es saludable y otro dice que es destructivo. Hasta existen decenas de sitios cristianos a favor y en contra de la masturbación que exponen sus opiniones en la Internet.

¿Podemos sacar alguna conclusión clara? ¿Podemos conocer la verdad? Creo que sí es posible. Aunque no encontrarás la palabra masturbación en la Biblia, la Palabra de Dios trata este asunto y nos da todo lo que necesitamos para analizarlo. La Escritura habla de forma evidente del peligro de la lujuria y nos muestra lo que significa tener una visión precisa sobre la relación sexual.

¿ES GRAN COSA O NO LO ES?

¿Es la masturbación un asunto trivial por el que debemos dejar de preocuparnos tanto o es un problema serio?

Creo que es las dos cosas. Te lo explicaré. En primer lugar, pienso que los cristianos nos preocupamos demasiado por la masturbación en el sentido que nos obsesiona el acto y pasamos por alto los asuntos más importantes del corazón. Sin lugar a dudas, a Dios le preocupan nuestras acciones, pero está aun más interesado en nuestras motivaciones. Muchas veces los hombres y las mujeres con los que hablo los consumen la cantidad de veces que se han masturbado, pero creo que Dios desea que nos preocupemos más por el terreno de nuestros corazones, en el cual crece el estilo de vida de la masturbación.

Es un error tomar el acto de la masturbación como medida de nuestra relación con Dios. Recuerdo un período de casi un año cuando estaba en la escuela secundaria durante el cual no me masturbé. Me sentía bastante bien conmigo mismo; pero en retrospectiva, mi petulancia era absurda. Tal vez había dejado de masturbarme, pero durante el mismo período consentía mi lujuria en una relación física pecaminosa con mi novia. Nos excedíamos muchas veces a la semana. La deshonraba a ella y desobedecía los mandamientos de Dios en cuanto a la pureza. Y sin embargo, pasaba por alto esta clara transigencia al pensar que Dios estaba impresionado porque no me masturbaba.

Si crees que la masturbación está mal, ¿minimizas como resultado otros pecados? Por ejemplo, cuando detectas en tu vida la arrogancia o ves las pretensiones de superioridad moral, ¿respondes de la misma manera que cuando metes la pata? ¿Vives bajo una nube de vergüenza y sientes que no puedes acercarte a Dios hasta que no pagues la penitencia? La mayoría de nosotros no nos sentimos así. Vaya a saber por qué, pero casi siempre reconocemos estos pecados, nos arrepentimos y creemos que el sacrificio de Cristo fue suficiente para pagar por ellos. Sabemos que podemos pecar otra vez, pero decidimos insistir en la obediencia y confiar en que Dios nos ayudará.

Entonces, ¿quiere decir que debemos masturbarnos sin preocuparnos al respecto? No, no es eso lo que sugiero en absoluto. No estoy de acuerdo con los que dicen que como a la mayoría le resulta difícil no masturbarse y como Dios sin duda no desea que sintamos culpa todo el tiempo, no debe haber problema en masturbarnos. Podemos aplicar esta misma lógica equivocada a un gran número de otros hábitos que son difíciles de resistir. La solución de Dios para nuestra culpa no es cambiar su definición de pecado. Dios trató con nuestra culpa en la cruz de Cristo: «Porque también Cristo padeció una sola vez por los pecados, el justo por los injustos, para llevarnos a Dios» (1 Pedro 3:18). Incluso cuando pecamos una y otra vez, podemos encontrar gracia una y otra vez. Y el poder del Espíritu de Dios puede ayudarnos a crecer en obediencia.

Por lo tanto, cuando digo que no debiéramos armar un aspaviento por la masturbación, lo que quiero decir es que no debiéramos tomarlo como el barómetro principal de nuestra vida espiritual. La lujuria es un pecado serio y la masturbación es una expresión de un corazón lujurioso. No obstante, cuando agrandamos la importancia de este acto, pasaremos por alto las muchas evidencias de la obra de Dios en nosotros o bien obviaremos otras expresiones más serias de lujuria que Dios desea que tratemos.

POR QUÉ TIENE IMPORTANCIA

Este acto tan privado tiene importancia para Dios no solo porque involucra a nuestros genitales, sino porque involucra a nuestro corazón, y Dios se dedica con pasión a que nuestros corazones le pertenezcan por completo a Él (véase Deuteronomio 6:5).

La masturbación no es un hábito sucio que hace que la gente sea sucia. Solo revela la suciedad que ya está en nuestro corazón. Es un indicador de que alimentamos los malos deseos. Es por eso que los problemas con las acciones lujuriosas son síntomas de problemas más profundos en el corazón.

Ahora bien, quizá estés pensando: *¿A qué te refieres con esto de mi corazón? Aquí estamos hablando del impulso sexual que tengo y que es puramente biológico. ¿Acaso no lo hacen hasta los niños antes de ser lo bastante grandes como para tener lujuria?*

Escúchame. No paso por alto las realidades biológicas relacionadas con este asunto. Es verdad que Dios nos ha hecho criaturas sexuadas con cuerpos que tienen la capacidad y la necesidad de satisfacerse a través de la estimulación propia. Muchos de nosotros descubrimos este truco antes de ser lo suficiente grandes como para saber cómo se llamaba y a medida que entramos en la adolescencia, estos impulsos naturales crecen cada vez más. Hay un componente real y fisiológico en todo esto que no debemos obviar. El cuerpo de un muchacho produce semen que llegado cierto punto necesita expulsarse. Por eso, los varones que no se masturban tienen sueños mojados en los que se expulsa el semen durante el sueño. La mayoría de los varones se encuentran muy cargados en lo sexual incluso antes de que la relación sexual en el matrimonio llegue a ser una opción.

Por lo tanto, en un sentido, la masturbación es natural. Sin embargo, ¿natural quiere decir buena? Como cristianos debemos tener cuidado con suponer que algo que surge en forma natural en los humanos sea insignificante en el aspecto moral. Vivimos en un mundo caído. Cada parte de este planeta y de nuestra humanidad se ha dañado por el pecado. Entonces, aunque ninguna de las funciones de nuestro cuerpo es inherentemente pecaminosa, debemos ser conscientes de que es muy fácil que los deseos naturales se conviertan en anhelos pecaminosos.

Debido al pecado, aun si la masturbación comienza de manera inocente en un niño, es inevitable que empiece a involucrar deseos y fantasías lujuriosas. Para la mayoría de las personas, es imposible separar el acto de la lujuria del corazón, ya sea que involucre a la pornografía o no. Un muchacho me contó que él y sus amigos usan la sigla LEA para referirse a la masturbación. Quiere decir «lujuria en acción».

Sé que hay cristianos que dicen que pueden masturbarse sin caer en la lujuria. Dicen que piensan en cosas no relacionadas con la relación sexual y que lo hacen solo para aliviarse. No soy quien para juzgar los corazones de esta gente. Solo puedo hablar de mi experiencia cuando digo que dudo mucho que esto sea posible. Lo que he visto es que la lujuria siempre ha estado presente de una manera significativa ya sea como iniciadora del acto o durante el mismo. Luego, pienso en Jeremías 17:9, que dice: «Engañoso es el corazón más que todas las cosas, y perverso; ¿quién lo conocerá?». A la luz de mi capacidad para mentirme, tengo muchas dudas en la confianza de mi propia evaluación, en especial en este asunto. Tal vez logre convencerme de que no actúo de manera lujuriosa en ese momento, pero lo más probable es que mi corazón me engañe.

Una nueva manera de pensar

Aunque fuera posible masturbarse sin caer en la lujuria, pienso que un estilo de vida de masturbación se basa en una comprensión equivocada del plan de Dios para la sexualidad.

La masturbación se basa en una visión egoísta de la sexualidad. Esta errónea actitud dice que la sexualidad es de forma exclusiva para ti y tu placer. Tu cuerpo. Tus genitales. Tu orgasmo. Esta es la tendencia natural del pecado. Nos aísla de los demás y hace que el placer se concentre en nosotros. Cuando le damos rienda suelta a nuestros deseos lujuriosos, empujamos a la relación sexual contra un rincón y la transformamos en una experiencia egoísta y aislada que refuerza una visión egoísta de la vida.

Si deseas romper el patrón de la masturbación y liberarte de ella, el primer paso que debes dar es renovar tu comprensión de la sexualidad. Debes aceptar una actitud centrada en Dios y desinteresada hacia la sexualidad.

¿Qué significa esto? En primer lugar, significa que debemos reconocer que la sexualidad le pertenece a Dios. Él la creó y es el único que tiene autoridad para dictaminar cómo debe expresarse. La sexualidad es para Él. Todo lo que hacemos como criaturas sexuadas debiera ser una expresión de nuestro honor, amor y temor hacia Él.

En segundo lugar, una visión de la sexualidad centrada en Dios procura honrar su propósito para la misma. No basta con conocer las *reglas* de Dios sobre la relación sexual. Debemos entender cuál es su *propósito* y su *plan*.

¿POR QUÉ LA CREÓ? ¿CUÁL ERA SU INTENCIÓN?

El matrimonio y la relación sexual son inseparables en el diseño de Dios. No se puede tener lo uno sin lo otro. En Hebreos 13:4, cuando Dios se refiere a nuestra actitud frente a la relación sexual, comienza por ajustar nuestra visión del matrimonio:

> Tengan todos en alta estima el matrimonio y la fidelidad conyugal, porque Dios juzgará a los adúlteros y a todos los que cometen inmoralidades sexuales (NVI).

Este pasaje nos dice que una actitud saludable hacia la relación sexual comienza con una elevada visión del matrimonio:

«Tengan todos en alta estima el matrimonio». Tener algo en alta estima quiere decir honrarlo y respetarlo. Dios nos dice que antes de que podamos visualizar como se debe la relación sexual, debemos tomar en serio el matrimonio. Debemos entender que a los ojos de Dios, cuando un hombre y una mujer se casan y unen sus cuerpos en el aspecto sexual, sucede algo espiritual; en verdad se convierten en «uno».

Cuando un esposo y una esposa hacen el amor, es un cuadro viviente de la realidad espiritual del matrimonio: dos personas se funden en una. Sin embargo, esta fusión física es solo una parte de la unión. El matrimonio es la combinación de un hombre y una mujer a todo nivel: no solo en lo sexual, sino en lo emocional, espiritual y en todas las demás formas.

En el plan de Dios, nunca se pensó en la unión sexual separada de esta unión total. C.S. Lewis compara la relación sexual fuera del matrimonio con una persona que disfruta de la sensación que le produce masticar y paladear la comida, pero que no quiere tragarla y digerirla. Esto es una perversión de la intención de Dios. El alimento se creó para que lo mastiquemos y lo traguemos. Asimismo, la relación sexual se creó para que formara parte de la unión de toda la vida que se da en el matrimonio. Cuando intentamos experimentarla fuera de esta unión, deshonramos y le faltamos al respeto al matrimonio.

Jeffrey Black escribe: «La meta de la pornografía y la masturbación es crear un sustituto de la intimidad. La masturbación es una relación sexual contigo mismo. Si tengo relaciones sexuales conmigo mismo, no tengo que invertir nada en otra persona. Los que son "adictos" a la pornografía no lo son tanto al material morboso, sino a su propio egoísmo. Están comprometidos consigo mismos para servirse a sí mismos, a fin de hacer todo lo posible para encontrar una manera conveniente de no hacer morir el yo, lo cual es la naturaleza del compañerismo en una relación».

Si cultivas un hábito de masturbación, no supongas que terminará una vez que te cases. Conozco a muchas personas casadas que siguen sintiendo esta tentación. Algunas veces un «solo sexual» parece más fácil y hasta más placentero que el esfuerzo que involucra mantener la intimidad con tu cónyuge y procurar de manera desinteresada darle placer. No obstante, el cónyuge que se vuelve a la masturbación en el matrimonio se convierte en un rival para su propio cónyuge. El acto de la masturbación los separa al uno del otro.

Es por eso que mi esposa, Shannon, y yo hemos llegado por mutuo acuerdo a no sustituir la intimidad sexual por la masturbación aun cuando estemos lejos el uno del otro. Deseamos que la experiencia del placer sexual sea algo en lo que dependemos el uno del otro. Deseamos que el deseo sexual sea algo que nos acerque como pareja.

Por qué no significa sí

Cuando Dios dice que no a algo, es porque le dice sí a algo mejor. En su infinita misericordia, desea lo que es mejor para nosotros. Demos un vistazo a los hechos:

- Dios desea que vivamos en gozo y libertad, pero la masturbación nos lleva a la esclavitud espiritual; cuando cedemos a la necesidad de masturbarnos cada vez que lo deseamos, nos disponemos a convertirnos en esclavos de nuestros deseos. Y si cedemos a la masturbación, se hace más difícil decirle que no a otras formas de lujuria. El ciclo de derrota y esclavitud nos dispone a esperar y ceder al pecado en otras esferas de nuestra vida. En 2 Pedro 2:19 dice: «Porque el que es vencido por alguno es hecho esclavo del que lo venció».

- Dios desea que aprendamos a controlar nuestros cuerpos en santidad y honor (véase 1 Tesalonicenses 4:3-6). Sin embargo, la masturbación es como un dragón que se hace cada vez más fuerte con el tiempo y requiere cada vez más comida. Además, le gusta la variedad. Una vez que te comprometes a alimentarlo, necesita sentir otra sensación. Así te encontrarás con que tienes que ser transigente en muchos más pensamientos lujuriosos y terminarás buscando sensaciones en lugares a los que jamás hubieras esperado ir.

- Dios desea que los esposos y las esposas se deleiten en la intimidad sexual sin vergüenza; pero la masturbación que se realiza con sentimientos de culpa y remordimiento antes del matrimonio puede manchar la manera en que una persona casada ve la relación sexual en sí. Al haber estado bajo el yugo de la vergüenza debido a la masturbación, una esposa puede descubrir que más tarde, en el matrimonio, la satisfacción sexual tiene matices de culpa. Ha llegado a asociarlo con el pecado.

Practicar el autocontrol trae sus beneficios. Dios no nos priva de nada bueno. No dice simplemente que no. En realidad, nos dice que sí a lo bueno.

AYUDA PRÁCTICA

Para vencer la masturbación lujuriosa, hay que comenzar por renovar la manera de pensar en la relación sexual. Aun así, también puedes dar algunos pasos prácticos para cambiar tus hábitos. Aquí tienes algunas ideas:

- Identifica los momentos del día y los lugares específicos en los que te sientes tentado a masturbarte. Prepárate con antelación para esos momentos y lugares orando y pidiendo la ayuda de Dios.

- Memoriza versículos clave. Primera Tesalonicenses 4:3-6 y Romanos 6:12-14 son grandiosos (menciono más en el capítulo 9).

- Medita en la Escritura cuando te duermes.

- Duerme con la puerta de tu dormitorio abierta.

- Sal de la cama por la mañana en cuanto apagues el reloj despertador. Quedarse en la cama y permitir que la mente divague es una receta para el fracaso.

- En los momentos de tentación, cambia tu atención y haz alguna otra cosa. Sal del dormitorio, ve a caminar o llama a un amigo.

- Disciplínate en cuanto al tiempo que pasas en el baño y a cualquier material de lectura que tengas allí.

- Revisa los disparadores de la lujuria que identificaste en el capítulo 4. Si es posible, sé aun más específico con respecto a lo que te lleva a la masturbación y evita esas fuentes: la televisión, las películas o las revistas, que inflaman tu deseo.

- No le sigas el juego a «Me toco, pero no llego al orgasmo». Huye de la tentación no tocándote en absoluto.

- Habla de tu lucha con alguna otra persona. Una de las mejores maneras de vencer la masturbación es comentarle tu lucha a uno de tus padres o a un amigo cristiano de confianza. El capítulo 8 se refiere en su totalidad a la importancia de rendir cuentas.

- Llena tu tiempo con actividades que concentren tu atención en servir y preocuparse por los demás.

- Concéntrate en el evangelio. Lee la Escritura de forma sistemática y otros libros que te recuerden el sacrificio que Cristo hizo por tus pecados. No puedes combatir con éxito ningún pecado sin tener una conciencia de la gracia de Dios.

- No hagas de la masturbación la única preocupación de tu vida espiritual. Pídele a Dios que te muestre otras maneras en las que desea que crezcas aparte de este asunto. ¿Quiere que crezcas en humildad, en el servicio, en la amabilidad, en la generosidad? Estudia y ora por estas esferas.

Dios quiere tu corazón. Eso es lo que le importa. Desea toda tu pasión. A medida que tu mente se renueva a través de su Palabra y a medida que desechas los malos pensamientos, el poder de la lujuria en tu vida se debilitará de manera constante. Fija expectativas realistas. El cambio completo llevará tiempo y esfuerzo.

Recuerda que a Dios no lo impresionan las promesas (véase Eclesiastés 5:1-7). Desea que dependas con humildad de Él y que obtengas tu fuerza de Él. ¿Y si fracasas? Tómale la palabra a Dios y cree que el sacrificio de su Hijo es suficiente para perdonar tu pecado de masturbación lujuriosa. La cruz es más que suficiente para cubrir todo tu pecado. Además, recuerda quién recibe tus oraciones. «Porque no tenemos un sumo sacerdote que no pueda compadecerse de nuestras debilidades, sino uno que fue tentado en todo según nuestra semejanza, pero sin pecado» (Hebreos 4:15). El que entiende tu debilidad es el mismo que obedeció a la perfección la ley de Dios y el que murió en tu lugar por tus pecados. Los antecedentes perfectos de Cristo se han transferido a nosotros; su rectitud sin mancha nos reviste (véase 2 Corintios 5:21).

COMIENZA A PLANEAR

Permíteme dejarte con un último consejo que quizá te parezca sorprendente. Tal vez se entienda mal. Es posible que algunas personas se escandalicen. Aun así, correré el riesgo.

Aquí va mi consejo: Cásate.

A menos que Dios te haya quitado el deseo por la relación sexual y te haya dado una clara visión de servirle quedándote soltero, debes pensar que se supone que debes casarte y que debes prepararte o comenzar a buscarlo.

Ya sé lo que estás pensando. *¿El tipo que dice esto es el mismo que le dijo adiós a las citas amorosas?* No te quepa ninguna duda. Las citas sin dirección alguna pueden ser uno de los mayores rodeos para el matrimonio. No pierdas el tiempo... ¡ve tras él!

Ahora, permíteme hacer algunas salvedades. En primer lugar, no digo que la motivación que te lleve al matrimonio sea el deseo de dejar de masturbarte. En segundo lugar, no me dirijo a las personas de quince años que lean este libro: debes tener la madurez suficiente para casarte antes de tomar este consejo. En tercer lugar, no estoy alentando a nadie a que tome una decisión apresurada (he escrito dos libros sobre la importancia de la sabiduría y la paciencia). Por último, entiendo que hay muchas personas que desean casarse, pero que no han podido hacerlo. Lamento si este consejo te resulta frustrante.

Hechas estas salvedades, te diré que pienso que hay demasiados solteros en la actualidad (en particular, hombres) que no tienen una buena razón para demorar el matrimonio.

Algunas veces pienso que no es más que simple pereza y egoísmo. Otras veces, es un énfasis cultural y antibíblico en la profesión y el éxito material.

El mundo ha abandonado el matrimonio y el compromiso por un estilo de vida de gente vacía que se enreda en aventuras pasajeras. No sigas el modelo del mundo. Persigue el regalo de Dios para el matrimonio. Dios nos ha dado el matrimonio para nuestro bien. Cada vez más el mundo demora y evita el matrimonio; nosotros debiéramos hacer lo contrario. Nadie debiera sentirse avergonzado por desear casarse joven y disfrutar de la esposa (o el esposo) de su juventud. El matrimonio es grandioso. ¡La relación sexual en el matrimonio es genial! No solo tenemos el llamado a cuidar el lecho matrimonial; ¡pienso que la mayoría de los cristianos solteros debieran correr hacia él!

Pablo les dio un consejo similar a los solteros que luchan con el deseo sexual: «Pero si no tienen don de continencia» les dijo, «cásense, pues mejor es casarse que estarse quemando» (1 Corintios 7:9). Dios no nos ha dado el matrimonio como una simple concesión, sino como una provisión para nuestros deseos sexuales. Aunque es verdad que la intimidad sexual no elimina la lujuria, Dios nos la ha dado para protegernos contra la tentación de darnos concesiones en la fornicación y el pecado. Si la pasión te quema, Dios te llama a casarte. ¡Prepárate! Quita los ojos (y las manos) de ti mismo y ve detrás del sacrificio, del amor, de la responsabilidad, de la relación sexual desinteresada y que glorifica a Dios dentro del matrimonio.

capítulo siete

La mitad de una píldora de veneno no te matará

¿Cómo me las arreglo con las tentaciones de los medios?

Espero no encontrarme con *nadie de la iglesia*. Me dirigía al mostrador del negocio local de vídeos cuando este pensamiento pasó como un rayo por mi mente. La madre de mi esposa estaba de visita en casa aquel fin de semana y las damas me habían enviado a buscar una película. No tenía ni la menor idea de qué alquilar, así que allí estaba, vagando por los pasillos que exponían las cubiertas de los vídeos con divisiones tapadas, tratando de encontrar un vídeo «bueno» en medio de un montón de malos. Había varias opciones seguras, algunos clásicos que hubiera podido elegir, pero ninguno me resultaba emocionante. Quería algo nuevo.

Fue entonces cuando encontré de repente la película. El método que tengo con respecto a las películas es tener la recomendación de otro cristiano y constatar el contenido de la película en la Internet antes de mirarla. No sabía nada sobre esta película, lo que ya debiera haber sido motivo suficiente como para pasar de largo; pero aquella noche me preocupaba más entretenerme que ajustarme a mis normas. Podía flexibilizar un poquito mis métodos. Las palabras que utilizaba la descripción dejaban translucir en forma evidente que había insinuaciones sexuales. *Soy un adulto. Puedo enfrentarlo.* Por supuesto que no podía ser tan malo. Además, necesitaba alquilar algo y no podía pasarme toda la noche buscando.

Tomé la película y me encaminé al mostrador. Allí fue cuando me vino el pensamiento *espero que no me vea nadie de la iglesia.* Aquello debiera haber sido una advertencia clara de que mi elección tenía algo muy malo. Mi conciencia me había estado susurrando mientras leía la cubierta del vídeo; ahora me gritaba. En lo profundo de mi ser, sabía que quizá la película no fuera buena. Sabía que transigía en pro del entretenimiento. Al imaginarme que me tropezaba con un miembro de la iglesia, me di cuenta de que no les hubiera podido recomendar la película y que ni siquiera les hubiera podido explicar por qué la había escogido. Dios me mostraba mi error, pero yo lo obvié.

Le entregué la película a la joven que estaba detrás del mostrador. Tomó mi tarjeta de socio y se quedó mirando vacilante la información de mi cuenta que estaba en la computadora. Entonces, se le encendieron los ojos. Vi que movía los labios pronunciando mi nombre en silencio.

Tierra trágame, pensé.

Levantó la vista y dijo: «¡Lo conozco! ¿Usted es el Joshua Harris que escribió aquel libro *Le dije adiós a las citas amorosas?*».

Quise morir.

UNA GRAN «BATALLITA»

Lamento decir que alquilé la película aquella noche y la miré con mi esposa y mi suegra. Fue espantoso. Las bromas eran subidas de tono, estaba llena de insinuaciones sexuales y de adulterio y tuvimos que utilizar el avance veloz en varias escenas. Sentí aun más vergüenza al pensar en que la joven del negocio de vídeos me había reconocido. Jamás en la vida la había visto y nunca más la volví a ver en el trabajo. A decir verdad, pienso que Dios la puso allí aquella semana tan solo para recordarme que aunque nadie de la iglesia vea lo que alquilo, Él me observa y yo quiero vivir en esa realidad cada día.

Cuando se trata de elegir entretenimientos, muchos cristianos están, como me sucedió a mí aquella noche en el negocio de vídeo, más preocupados por lo que los demás puedan pensar que por lo que piensa Dios.

Al crecer, aprendí que los cristianos tienen una amplia gama de normas en cuanto a la televisión y las películas. Es lamentable, pero utilicé este hecho como una excusa para no establecer mis propias convicciones según Dios. En lugar de responder a su Palabra, evalué mis hábitos relacionados con los medios basándome en cómo se comparaban con los de la otra gente. Cualquiera que tuviera normas medio escalón más *abajo* que las mías estaba pecando, y cualquiera que tuviera las normas medio escalón más *arriba*, es probable que fuera legalista y demasiado rígido.

Por supuesto, mis normas estaban a la perfección y nadie tenía necesidad de decirme lo contrario. ¿Te sientes identificado? No nos gusta que ninguna otra persona nos diga lo que podemos o no podemos mirar. Si alguien intenta hacerlo, levantamos los puños, listos para defender nuestros hábitos en cuanto a lo que miramos.

Espero que no leas este capítulo a la defensiva. No te diré lo que puedes o no puedes mirar. No tengo una lista de películas «aprobadas» que puedes mirar; pero sí quiero examinar cómo podemos practicar el discernimiento y la sabiduría bíblicos a la hora de hablar de nuestros hábitos relacionados con lo que miramos.

Esta es una parte esencial para arrancar de raíz la lujuria de nuestras vidas. En el capítulo 4 vimos lo importantes que son las pequeñas batallas. Y quizá no exista una pequeña batalla más importante que la de las decisiones diarias que tomamos en el campo de las películas y la televisión.

Este es un asunto muy personal para mí. Durante los dos últimos años, Dios ha comenzado a mostrarme de qué manera la dieta insalubre que consumo proveniente de los medios ha alimentado la lujuria y afectado en forma negativa mi vida espiritual. Lo que he llegado a ver es que por más que estudie la Biblia, ore y le pida a Dios que me ayude a conquistar la lujuria, no avanzaré nunca hacia la santidad si lleno mi mente a través del entretenimiento con imágenes lujuriosas y asuntos que ofenden a Dios.

DIRECTO AL CORAZÓN

¿Por qué los medios representan un papel tan crucial en nuestra lucha contra la lujuria? ¿Será por todos los desnudos y toda la sexualidad que hay en el entretenimiento de hoy? Bueno, sí, pero hay mucho más en juego.

Los medios actuales, en especial la televisión, procuran definirnos la realidad. Quieren decirnos cómo pensar sobre la relación sexual, el matrimonio, nuestros deseos y nuestro pecado. El peligro de no aplicar las normas de Dios para darte cuenta de lo que miras, no es solo que puedes ver un cuerpo desnudo, sino que los valores de un mundo pecador modelarán tu forma de vivir.

El entretenimiento va derecho a nuestro corazón. ¿Alguna vez lo habías pensado? Los medios nunca razonan con nosotros en su intento por convencernos a fin de que amemos la lujuria y el pecado. Jamás verás al gerente de un canal de televisión sentado frente a una tabla estadística que explique por qué el adulterio es bueno; pero ese mismo gerente puede hacer que su compañía cree un programa de televisión que atrape tus emociones y, a través del poder de la historia, haga que el acto pecaminoso del adulterio parezca atractivo.

La televisión y las películas estremecen nuestros sentimientos y nuestras emociones que pasan por alto nuestra mente y van derecho a nuestros afectos. El increíble poder de los medios es que pueden hacer que algo malo parezca bueno o excitante sin necesidad de presentar ninguna clase de argumentos.

PÍLDORAS VENENOSAS

Este es el error que hemos cometido tantas veces. Sé que los medios contienen cierta cantidad de contenido pecaminoso que es peligroso; pero en lugar de ver cuánto puedo *evitar*, gasto la energía tratando de ver cuánto puedo *manejar*. Soy como la persona que se imagina que puede tomar media píldora de veneno todos los días sin suicidarse. Es bueno que no se muera, ¿pero puede ser saludable que tome todas esas mitades de píldoras venenosas?

Eso es lo que hice aquella noche en el negocio de vídeos. En lugar de decir: «Dios, quiero honrarte. No quiero poner algo delante de mis ojos que alabe el pecado», con mis acciones dije: «El pecado no es tan malo. Puedo tomarlo en pequeñas dosis».

Lo que estoy comenzando a aprender es la importancia que tiene evaluar el efecto *global* de la dieta que consumo proveniente de los medios. Demasiadas veces he sido culpable de ver las cosas malas que miro como un puñado de incidentes aislados que no son tan perjudiciales para mi salud espiritual. Aun así, no son aislados. Todos están conectados.

Cada una de esas medias dosis de veneno se suma e ingresa a mi torrente sanguíneo. Debemos examinar el efecto acumulativo de nuestros hábitos de los medios en nuestra actitud hacia Dios, el pecado y el mundo.

Debiéramos evitar las escenas gráficas de sexualidad en las películas y en la televisión, pero también debemos asegurarnos que el constante bombardeo de entretenimiento, al parecer inofensivo, no le reste importancia al pecado. Por lo tanto, el simple hecho de que alguien no mire películas prohibidas no quiere decir necesariamente que esté «seguro». Las comedias de hoy en día y muchas películas aptas para mayores de trece años (e incluso las aptas para todo público), pueden ser en extremo perjudiciales para nuestra alma a largo plazo. Aunque no contenga desnudos explícitos, pueden socavar con lentitud y sutileza la verdad bíblica y la convicción en nuestro corazón.

¿QUÉ ES EL PECADO?

Entonces, ¿qué podemos ver? Es fácil captar un sistema de evaluación o algún conjunto de reglas que dejen en claro lo que debemos y lo que no debemos mirar. No obstante, ningún sistema de evaluación basado en el contenido logra sustituir a un corazón que desea agradar a Dios. Si deseamos honrar a Dios con lo que elegimos como entretenimiento, debemos estar dispuestos a evaluar con cuidado de qué manera lo que miramos afecta nuestro amor hacia Dios. Debemos estar dispuestos a luchar con nuestras normas y rehusar muchas veces mirar lo que otros creen permisible.

Cuando estaba en la universidad, el famoso evangelista John Wesley le escribió una carta a su madre en la que le pedía que le diera una clara descripción del pecado. Pienso que quería una lista de esto sí, aquello no. Sin embargo, la señora Wesley no le dio a John lo que esperaba. Le dio algo mucho mejor. Como respuesta, escribió:

Sigue esta regla: todo lo que debilite tu razón, afecte la sensibilidad de tu conciencia, oscurezca tu percepción de Dios o le quite sabor a las cosas espirituales, en resumen, todo lo que aumente la fuerza y la autoridad de tu cuerpo sobre tu mente, eso es pecado para ti, por más inofensivo que quizá resulte en sí mismo.

No importa la calificación que le hayan dado a algo, lo popular que sea o lo inocente que parezca por fuera. Si endurece tu corazón hacia Dios, si oscurece la conciencia que tienes de lo horrible del pecado y de la santidad de Dios, si atenúa tu hambre espiritual, es pecado.

¿PUEDES DARLE GRACIAS A DIOS POR ESTO?

El asunto no es evitar cualquier descripción de pecado; la Biblia está llena de historias sobre la pecaminosidad de la humanidad. Y, como señala el escritor Joel Belz, hay una manera adecuada y una inadecuada para describir el pecado.

Lo primero que escribe es lo siguiente: «Una descripción del pecado nunca debiera incitar al lector o espectador a desear más de lo mismo. Muchas de las imágenes de pecado de hoy en día, en lugar de producir repulsión producen atracción». Hay una gran diferencia entre leer en la Escritura la aventura adúltera que tuvo David con Betsabé, donde se condena y se muestra como perversa, y mirar una aventura adúltera en una película que la celebra y la hace aparecer como buena.

La siguiente prueba es la que me resulta más desafiante. «Si el Espíritu de Dios no se entristece», escribe Joel Belz, «deberías poder darle gracias con sinceridad a Dios por toda la descripción. Esta no es una prueba simplista, sino saludablemente bíblica. Si no puedes inclinar la cabeza y agradecer con sinceridad a Dios por la película, la sinfonía, el noticiero o la novela, para ti esa actividad está mal. Deja de discutir contigo mismo y sigue adelante con otra cosa».

MÁS QUE DESAPROBACIÓN

Necesitamos crecer en discernimiento, pero debemos darnos cuenta de que el discernimiento es más que la simple desaprobación. Imagínate si un amigo que está a dieta te dice que no hay problema si come torta de chocolate ya que en realidad no le gusta. «Si no disfrutas de una caloría, no te engordará», es su razonamiento.

¿Cómo responderías a esta lógica? Es probable que te rías ante sus ingenuas ilusiones. No importa si cierto tipo de caloría no te gusta; si esa caloría entra en tu cuerpo, ¡producirá un efecto!

Sin embargo, esta es la manera en que casi siempre practicamos el discernimiento cuando se trata de elegir algún entretenimiento. Parece que pensamos que porque no lo aprobamos, porque suspiramos y miramos hacia arriba, porque nos quejamos de la infamia de Hollwood, porque usamos el avance veloz en las partes malas *en verdad*, podemos mirar toda la basura que hay en el mundo sin que nuestras almas se afecten. A esto le llamamos «discernimiento». Con todo, es una tontería tan grande como decir que si no disfrutamos de una caloría, no nos engordará.

El verdadero discernimiento es muy diferente. En 1 Tesalonicenses 5:21-22 dice: «Sométanlo todo a prueba, aférrense a lo bueno, eviten toda clase de mal» (NVI). Si el discernimiento no nos lleva a la acción adecuada, ya sea aferrándonos o evitando, no sirve para nada. El discernimiento bíblico implica que las normas de Dios cuenten en la evaluación que hacemos de lo que miramos y en una respuesta acorde, ya sea negarnos a mirar algo, refutar su mensaje o estar de acuerdo con él.

¿Sometes todo a prueba? ¿Evitas toda clase de mal? ¿Te aferras a la verdad? Recuerda, los medios de comunicación andan detrás de tu corazón. No tratan de razonar contigo, sino que procuran disfrazar su mensaje para que lo recibas y bajes la guardia.

¿QUÉ DEBIÉRAMOS EVITAR?

En su excelente libro *Worldly Amusements*, Wayne Wilson describe el entretenimiento mundano como aquel que al menos tiene una de las siguientes características:

1. *Promueve un mensaje malo*. Presenta a lo malo como bueno. Puede lograrlo celebrando los pecados como la mentira, el robo, el asesinato, la fornicación o el adulterio. Se presenta el pecado en una forma atractiva.

2. *Utiliza un método malo*. Más allá del argumento de la historia, hace que los protagonistas se comporten de maneras vergonzosas e inmorales. Una historia puede conducir a la conclusión de que el adulterio es malo, pero si para llegar a esta conclusión debemos revolcarnos en un mar de carne, la obra se califica como mundana.

Por más excelente que sea la producción o la actuación, por más cierta que sea la moraleja de la historia, si algo promueve un mensaje malo o usa un método malo, el cristiano con discernimiento evitará este entretenimiento. ¡Y sin importar cuántos premios haya ganado!

Con mucha frecuencia actuamos como si estar al tanto del contenido pecaminoso de la última película o del último programa de televisión sea sofisticado o sea una parte relevante en nuestra cultura. Eso no es lo que Dios dice. Él dice: «ni aun se nombre». En Efesios 5:11, nos dice: «Y no participéis en las obras infructuosas de las tinieblas, sino más bien reprendedlas»; pero no podemos reprenderlas si nosotros mismos estamos perdidos en ellas. Debemos ser luz. No podemos hablarle a nuestra cultura ni ayudar a rescatar a otros de las tinieblas si hemos permitido que ellas moldeen nuestra manera de pensar y nuestros valores.

En el Salmo 101:2-4, David le dice a Dios:

Entenderé el camino de la perfección
cuando vengas a mí.
En la integridad de mi corazón andaré en medio de mi casa.
No pondré delante de mis ojos cosa injusta.
Aborrezco la obra de los que se desvían;
ninguno de ellos se acercará a mí.
Corazón perverso se apartará de mí;
no conoceré al malvado.

Este es el cartel que quiero colgar sobre mi pantalla de televisión o sobre la pantalla del cine: «No pondré delante de mis ojos cosa injusta». ¿Por qué? Porque quiero conocer a Dios. No quiero nada que aparte mi corazón lejos de Él. Quiero amar la santidad.

Jesucristo murió para rescatarme de la oscuridad y del pecado. ¿Cómo me voy a sumergir de forma voluntaria en esa oscuridad en nombre del entretenimiento? Qué tragedia que me haya quedado sentado ociosamente delante de películas y programas de televisión y haya mirado, y hasta me haya reído y haya celebrado el pecado mismo por el cual Cristo tuvo que morir.

Aunque pudiera probar de alguna manera con la Escritura que tengo permiso para mirar estas cosas, ¿por qué querría hacerlo? ¿Por qué habría de querer divertirme o empapar mi mente con los pecados por los cuales Jesús derramó su sangre para liberarnos de ellos?

CAMBIO DE HÁBITOS

Sé que muchas de estas ideas son difíciles de tragar. Mientras preparaba un mensaje para mi iglesia, Dios comenzó a traerme convicción. Se suponía que debía ser el predicador preparado para desafiar a la congregación, pero a medida que leía la Palabra de Dios y estudiaba, fue como si Dios pusiera su mano sobre mi hombro y dijera: «Josh, tú eres el que necesita cambiar».

Para mí, el proceso de examinar y corregir los hábitos de entretenimiento fue dulce, pero a la vez angustiante. Pude ver que Dios mismo obraba en mi vida. Podaba ramas muertas y me ayudaba a aprender a honrarlo y obedecerlo mejor, pero no fue fácil. Para ser sincero, a mí me gustaban mucho esas viejas ramas. Mis pensamientos volvían con facilidad a desear imaginarme cuánto veneno podía desechar al ingerirlo. Muchas veces tuve pensamientos como: *¡Ay, no! ¿Quiere decir que no podré ver la continuación de mi película favorita?*

Sin embargo, al humillarme y seguir indagando en la Palabra de Dios, supe que el cambio de mi dieta proveniente de los medios de comunicación era esencial. Había caído en el hábito de alquilar películas con tanta frecuencia que muchas veces tenía que flexibilizar mis propias normas porque «necesitaba» encontrar algo para mirar. Por lo tanto, antes de ir al cine o de alquilar algo, he comenzado a esperar hasta que haya una película que valga la pena ver, algo por lo que pueda dar gracias a Dios. El resultado es que miro muchas menos películas. Ahora, cuando lo hago, me doy un gusto y he descubierto que tengo más discernimiento en cuanto a lo que miro. También he descubierto que la lujuria tiene mucho menos fuerza.

También he cortado la televisión en su mayor parte. Mi esposa y yo nos habíamos hecho el hábito de mirar un programa semanal que muchas veces mostraba al principal personaje femenino con trajes indecentes y en situaciones que no agradan a Dios. El efecto que producía en mi alma era mortal. Además, nos llevaba a ver otros programas que se promocionaban creando así el deseo de ver más. Cortamos esta pequeña rutina y pusimos el televisor en el sótano. Ahora, leemos juntos un libro o visitamos amigos. La vida se ha vuelto mucho mejor.

He recortado seriamente toda mi ingesta de medios de comunicación. Y, ¿sabes una cosa? Estoy bien. Algunas veces nos parece que el entretenimiento es una especie de derecho, algo esencial para nuestra existencia, pero no lo es. No existe tal cosa como la obligación de ver televisión, y si somos los únicos en el mundo que no vimos la última película de este verano, no nos pasará nada. Lo único esencial es caminar con Dios y agradarlo. Y si algunas veces es necesario recortar lo que miro, no es un verdadero sacrificio.

Tercera parte

ESTRATEGIAS PARA CAMBIOS A LARGO PLAZO

capítulo ocho

Los llaneros solitarios son llaneros muertos

¿Por qué es tan importante rendir cuentas?

«A nadie se le hubiera ocurrido pensar que yo iba a caer en la impureza sexual», dice Trina, de veintitrés años. En su hogar, era siempre la fuerte. Dirigía un estudio bíblico para mujeres en su iglesia y la respetaban por la posición que tomaba con respecto a la pureza. Su propia vida era una prueba viviente de que la pureza era posible.

Entonces llegó la oportunidad de trabajo en Seattle. Era demasiado buena como para dejarla pasar. Al menos, eso fue lo que le pareció a Trina en aquel momento. Amaba su iglesia y detestaba la idea de dejar a las estrechas amistades y la sólida enseñanza de la cual disfrutaba allí. Sin embargo, estaba segura de que no sería demasiado difícil encontrar algo que sustituyera estas cosas en Seattle. Era fuerte.

Visitó una decena de iglesias, pero ninguna tenía la clase de enseñanza bíblica con la que había crecido. Al año, asistía a un gran estudio bíblico para solteros los martes y alternaba entre dos congregaciones los domingos y algunas veces se quedaba dormida y no se molestaba en ir a ninguna de las dos.

Sencillamente no era lo mismo. Se sentía desconectada y solitaria. En su hogar había disfrutado de relaciones estrechas con tres mujeres mayores que la conocían por dentro y por fuera. Podían saber que tenía alguna lucha con solo mirarla a los ojos. Ahora, se encontraban a miles de kilómetros de distancia.

A diferencia de muchas de sus amigas, a Trina no la sedujo la lujuria mediante una relación, sino a través de lo que comenzó como un deseo al parecer puro de casarse. «Al pensar cada vez más en el matrimonio», dijo, «comencé a pensar en la noche de bodas, y como estaba sola, esa línea de pensamiento me fue llevando cada vez a más y más. En lugar de darme cuenta de que estaba haciendo del matrimonio y de la relación sexual un falso dios en mi vida, me entregué a la lujuria».

Para Trina, el despertar surgió cuando buscó sitios pornográficos en la Internet. «Ninguna persona que me conozca hubiera creído jamás que iba a hacer algo semejante», dice. «No puedo creer en el lío que me metí».

BLANCOS FÁCILES

Sola, aislada y sin tener que rendirle cuentas a nadie, Trina era el blanco perfecto para la tentación. Nuestro enemigo anda a la búsqueda de la gente que se aísla de los otros cristianos. Los rezagados son víctimas fáciles. Sin otras personas que los alienten, que velen por ellos y que los enfrenten cara a cara cuando hay pequeñas transigencias en sus vidas, muchas veces terminan deslizándose a cometer pecados serios.

Trina nunca se había dado cuenta de que su fortaleza espiritual era en gran medida el resultado directo del apoyo y el cuidado que recibía de su iglesia local. No supo valorar la enseñanza semanal, las relaciones y lo que significaba tener que rendir cuentas.

¿Qué necesitas para alcanzar un éxito duradero en la lucha contra la lujuria? No hay nada más importante que estar conectado a una iglesia local en la cual tengas que rendir cuentas. Si deseas experimentar la victoria a largo plazo sobre la lujuria, debes trabar relaciones fuertes con otros creyentes.

No importa lo fuerte que te sientas en este instante ni cuánta victoria sobre la lujuria experimentes en el momento, por tu propia cuenta no llegarás muy lejos. En la batalla contra la lujuria, los llaneros solitarios terminan como llaneros muertos. Pueden presentar una imagen impactante cabalgando solos al ponerse el sol, pero cuando les tienden una emboscada, no tienen ayuda (véase Eclesiastés 4:9-10, 12).

NOS NECESITAMOS EL UNO AL OTRO

La vida cristiana es algo que hacemos *juntos*. En Efesios 4:29, Dios nos dice que nos edifiquemos mutuamente con las palabras y luego nos instruye así: «hablando entre vosotros con salmos, con himnos y cánticos espirituales» (5:19).

Necesitamos a otros cristianos que hablen, canten y que algunas veces nos repitan en voz bien alta las verdades de la Palabra de Dios. Necesitamos que los demás oren por nosotros cuando estamos en medio de la tentación. Necesitamos amigos que nos sostengan cuando estamos a punto de rendirnos. Necesitamos amigos que nos desafíen e incluso nos reprendan cuando nos permitimos pecar.

¿Estás conectado con otros en la iglesia local? Muchas personas hoy en día, en especial los jóvenes adultos, han perdido la visión de la iglesia. Yo solía ser uno de ellos. Pensaba en la iglesia tan solo como un edificio o un lugar para ir a buscar interacción social. Siempre iba a la iglesia, pero mi estilo de vida revelaba el lugar bajo que ocupaba en mi escala de prioridades. La iglesia era algo que se encontraba a las afueras de mi vida. No obstante, la Palabra de Dios dice: «La iglesia [...] no gira alrededor del mundo, sino que el mundo gira alrededor de ella. La iglesia es el cuerpo de Cristo, en la cual él habla y actúa, mediante la cual llena todo con su presencia» (Efesios 1:23, traducción libre de la versión *The Message*). La iglesia se encuentra en el centro del plan de Dios, por lo tanto, no debiera encontrarse bajo ningún concepto en las afueras de nuestra vida.

Muchas personas que conozco no están dispuestas a comprometerse con la iglesia local. Saltan de una iglesia a la otra, o bien encuentran solo un estudio bíblico o un ministerio dedicado de forma exclusiva a los estudiantes universitarios. Aunque estos ambientes quizá sean buenos, Dios desea que estemos conectados con la iglesia local y bajo el liderazgo espiritual de los pastores y ancianos. Sin esto, no creceremos.

Si no formas parte de una iglesia, haz de esto la prioridad número uno en tu vida (incluso si has tenido que ir a estudiar a otro lugar lejos de tu casa). No te conformes con sacar muestras de varias iglesias en tu zona; busca una en la que puedas comprometerte. Pídele a Dios que te ayude a encontrar una iglesia que tenga una fuerte enseñanza bíblica (que también se ponga en práctica) en la cual puedas entablar relaciones, servir y recibir el desafío a crecer. (Si necesitas ayuda para evaluar una iglesia, mi amigo Mark Dever ha escrito un libro llamado *Nine Marks of a Healthy Church* que proporciona un criterio bíblico de mucha ayuda).

Si te encuentras en una buena iglesia, no seas tan solo un asistente, sino sumérgete en la vida de la iglesia. Si existe un proceso para llegar a ser un miembro, lánzate de lleno a vivirlo. Si la iglesia tiene grupos pequeños, únete a uno. Preséntate a los pastores. Permite que sepan quién eres y que te comuniquen su apoyo. Ofrécete como voluntario para servir. Lo más importante es que procures entablar relaciones verdaderas con los demás. No esperes que los demás se acerquen a ti. Sé tú el que dé el primer paso.

CONVIÉRTETE EN UNA PERSONA QUE RINDE CUENTAS

Una vez que te conectas con una iglesia, debes convertirte en una persona que rinde cuentas. Todos necesitamos a uno o dos amigos cercanos a los que podamos involucrar en nuestra batalla personal contra la lujuria.

¿Cómo definiríamos esto de rendir cuentas? Alan Medinger nos da esta descripción práctica de lo que implica una relación así:

Una relación en la que se rinden cuentas es aquella en la que un cristiano le da permiso a otro creyente para que examine su vida con el fin de hacerle preguntas, desafiarlo, amonestarlo, aconsejarlo, alentarlo y que,

por el otro lado, le proporcione aportes que enriquez-
can su vida individual de acuerdo a los principios
cristianos que sostienen ambos.

Si tienes necesidad de relaciones estrechas en las que se
rindan cuentas, comienza por pedirle a Dios que te provea
una persona temerosa de Dios que tenga el mismo deseo. ¿A
qué clase de persona debieras buscar?

En primer lugar, busca a alguien que tema a Dios y que
se tome en serio su palabra. No te conformes con la persona
con la que te sientas más cómodo; busca alguien que te haga
sentir incómodo con tu pecado.

Si es posible, es mejor rendirle cuentas a alguien que sea
más fuerte en las esferas en que tú eres débil. Es evidente que
esto no significa que debas encontrar a alguien que nunca
luche contra la lujuria, pero tampoco debieras buscar a
alguien que caiga en pecado con asiduidad en los mismos
aspectos que tú. Estas relaciones funcionan mejor cuando la
otra persona puede desafiarte con amabilidad, no solo sentirse identificado con tu lucha.

En el caso de los adolescentes, lo ideal es que la relación en
que se rindan cuentas comience con los padres. «Hace poco
le confesé a mi padre mi lucha constante con la masturbación», me escribió un adolescente de dieciséis años llamado
Billy. «Fue bastante humillante, pero sabía que era algo que
Dios había puesto en mi corazón. Desenmascaró al orgullo

en mi vida. Y, a fin de cuentas, no fue tan vergonzoso como imaginaba. Mi padre comprendió y desde entonces ha orado por mí y me ha alentado».

Si tu padre o tu madre son cristianos, conversa con ellos sobre tus tentaciones. Dios te ha dado a tus padres para que te protejan y te proporcionen cuidado espiritual.

También es importante que esa persona a la que le rindes cuenta *no* sea un miembro del sexo opuesto. Aunque tengas una amistad con el sexo opuesto, no es sabio discutir asuntos relativos a la tentación sexual en ese ámbito. Por lo general, conduce a la tentación y a una intimidad fuera de lugar. Una de las medidas preventivas que establecí al escribir este libro fue no aconsejar a las mujeres en el asunto de la lujuria. Contraté a una mujer cristiana de mi iglesia para que se hiciera cargo de todas las entrevistas con las mujeres.

Por último, a este tipo de relación le hace bien tener una estructura y ser constantes. Me reúno con un grupo de cuatro hombres los jueves cada quince días para almorzar. Cada uno se toma un tiempo específico para confesar pecados. Me ayuda saber que me encontraré con mis amigos cada dos semanas. El hecho de saber que me preguntarán cómo me va, muchas veces me ayuda a frenarme en los momentos en que me siento tentado a pecar. Aunque sea un pastor, necesito rendir cuentas tanto como cualquier otro.

Tal vez una vez cada dos semanas no sea suficiente para ti. Algunas personas se reúnen con su amigo o su pequeño grupo todas las semanas. Otras necesitan una llamada telefónica diaria para recibir aliento y apoyo. Este tipo de relaciones puede ser flexible. El objetivo común es ayudarte a ti y ayudar a tu compañero o grupo a hacer lo que a Dios le agrada y rechazar el pecado.

LAS MUJERES TAMBIÉN NECESITAN RENDIR CUENTAS

Aunque cada vez sea más popular ente los hombres tener una relación en que se rindan cuentas con respecto a las tentaciones sexuales, no es tan común entre las mujeres. Todavía quedan muchas mujeres que nunca han hablado con otra sobre este asunto, pero las mujeres también necesitan rendir cuentas al respecto.

Por favor, no pienses que eres la única mujer que lucha contra la lujuria. No permitas que el orgullo te impida buscar ayuda. Necesitas a otras mujeres cristianas que estén a tu lado. No escondas tu lucha ni pienses que los demás te mirarán por encima del hombro si confiesas tu pecado.

Tengo amigos que sienten una tentación similar de retraerse de las relaciones porque luchan contra el pecado homosexual. Los aterroriza pensar en lo que quizá piensen de ellos los otros muchachos. Temen que los demás los miren de manera diferente. Entonces, se lo guardan para sí. Sin embargo, lo único que se logra es favorecer al enemigo. Al encontrarse aislados de la comunión y la obligación de rendir cuentas, lo único que consiguen es volverse más vulnerables a la tentación.

Aunque no sea fácil, cuéntale a otra mujer tus tentaciones específicas. Puede ser cualquier mujer cristiana temerosa de Dios en la que confíes. Si eres soltera, considera la posibilidad de encontrar a una mujer mayor y casada dentro de tu iglesia en la cual puedas confiar.

Creo que te sorprenderás ante el increíble alivio que proporciona el simple acto de la confesión. Al salir del aislamiento, se produce algo que da comienzo al proceso de liberación de la persona de las cadenas del pecado sexual.

En 1 Pedro 5:5 dice: «Igualmente, jóvenes, estad sujetos a los ancianos; y todos, sumisos unos a otros, revestíos de humildad; porque: Dios resiste a los soberbios, y da gracia a los humildes». ¿Estás dispuesta a revestirte de humildad y a hablarle de tus luchas a otra mujer? Cuando te humillas y das el paso de confesar la lujuria, Dios te dará más gracia para luchar contra ese pecado en particular.

ERRORES FRECUENTES

A través de los años he aprendido por prueba y error qué hace que una relación en la que se rinden cuentas sea eficaz. Aquí tenemos algunos errores frecuentes que debemos evitar:

Confesión general

No te estanques en la rutina de una «confesión vaga» dentro de tu relación. Las categorías generales y muy amplias en la confesión no sirven de ayuda. Cuando se trata de la lujuria, he descubierto que es importante ser muy específico. Si me reservo detalles y no se los cuento a los hombres ante los que rindo cuentas, limito la intensidad de mi convicción y la capacidad de ayuda de mis amigos.

Allison le rendía cuentas a Christy y había confesado varias veces que tenía «pensamientos impuros», pero a Christy le resultaba difícil saber cómo orar por Allison o cómo aconsejarla en este asunto. Un día le pidió a Allison que fuera más específica. ¿Cuáles eran estos pensamientos impuros? ¿Dónde aparecían? ¿Se dirigían a una persona en particular?

Allison se humilló y le contó a Christy que había un hombre en la oficina con el cual había estado coqueteando durante varios meses. Él había hecho algunos avances y ella había albergado pensamientos inmorales relacionados con él. Armada con esta información específica, Christy estuvo en condiciones de ayudar a Allison a luchar contra su pecado. La ayudó a guardar su promesa de cortar esa relación. Ahora sabía cómo orar por ella y en las siguientes conversaciones, Christy le pudo preguntar a Allison cómo le iba con respecto a los pensamientos hacia este hombre.

Mi amigo Ron, un soltero de treinta y seis años, ha luchado contra la tentación homosexual desde que era adolescente. Dios lo ayudó a resistir la tentación de actuar de manera acorde a estos deseos pecaminosos, pero durante más de veinte años, Ron escondió esta lucha. «Debido al temor que tenía de lo que los otros iban a pensar, sencillamente hablaba con ellos de la lujuria en general y evadía mencionar mi pecado en forma específica. Seguí con este patrón de confesión inespecífica durante años». Entonces, durante un punto bajo en particular de la vida cristiana de Ron, Dios le dio el valor para romper décadas de silencio. Ron le confesó su tentación a un hombre en su iglesia. Fue como si le quitaran una pesada carga de los hombros. A la semana siguiente, se lo contó a un pastor y a otro compañero. Ahora, estos hombres están en mejores condiciones para cuidar de él y alentarlo. La confesión específica lo ha llevado al aliento concreto, a rendir cuentas de manera determinada y a orar de forma definida.

No confundamos confesión con arrepentimiento

Un error frecuente que he cometido muchas veces es suponer que la confesión dentro del grupo ante el que rindo cuentas es equivalente al arrepentimiento. En otras palabras, puedo pensar que con solo decirle a alguien que he pecado quiere decir que me he apartado del pecado y que he tratado en forma adecuada con él. Pero no necesariamente es así. El arrepentimiento implica un cambio de corazón y una decisión de apartarse del pecado. El tiempo lo pone a prueba e implica una decisión constante de hacer morir al pecado.

Cuando les dices a otros tu pecado o cuando escuchas la confesión de otros, es importante hablar de lo que es el arrepentimiento. Aquí tenemos algunas preguntas prácticas que debemos hacer:

- ¿Veo este pecado como un acto de rebelión contra Dios?
- ¿Siento verdadero dolor por mi pecado o solo me disgustan las consecuencias?
- ¿Alimento el sentimiento de detestar este pecado?
- ¿Qué otro paso debo dar?
- ¿Qué haré la próxima vez que me sienta tentado de esta manera?
- ¿Qué clase de acciones preventivas puedo desarrollar para evitar este pecado la próxima vez?
- ¿Cuáles son las actividades o los modelos de pensamiento de los que me debo alejar?

La confesión puede ser un elemento de mucha ayuda en el arrepentimiento, pero no puede sustituirlo. Es posible sentirse mal por algo y hasta podemos contárselo a alguien sin apartarnos en verdad de nuestro pecado. Las relaciones en que se rinden cuentas son la oportunidad para tener a otros que nos alienten a demostrar el genuino arrepentimiento.

Ofrecer compasión sin desafío

Otro error frecuente en las relaciones en que hay que rendir cuentas es lo que llamo la mentalidad del «grupo de apoyo». Cuando alguien confiesa un pecado, la gente se muestra compasiva, pero no desafía a la persona. Y no tenemos necesidad de que nos consuelen por nuestro pecado; ¡debemos matarlo!

Doy gracias por tener a hombres cristianos en mi vida que me aman lo suficiente como para desafiarme con firmeza frente a mi pecado. Me instan a matar el pecado. Me recuerdan que Dios es santo, que se opone al pecado y que este conduce a la muerte. Me preguntan si medito en la Escritura y claman a Dios por ayuda. No me permiten excusas ni que justifique mi pecado.

No me entiendas mal, mi grupo no siente ninguna superioridad moral. No me condena. Tienen mucho cuidado de alentarme. Siempre me recuerdan que Dios está obrando en mi vida; pero no están dispuestos a consolarme ni a sentir compasión de mí por mis pecados. Desean ayudarme a cambiar y a crecer en santidad.

Confesión sin conservación de resultados

La confesión no se iguala al cambio. Por eso es importante la conservación de los resultados en cualquier grupo o relación en que se rinden cuentas. Dile a tu grupo qué deben preguntarte en la próxima reunión. Pídeles que vuelvan a revisar el aspecto de tentación que confesaste. Pídeles que sean específicos.

Aquí tenemos algunos ejemplos de la clase de preguntas específicas a las que me refiero con el fin de conservar los resultados:

- ¿Cómo guardaste tus ojos hoy en el trabajo?
- ¿Te masturbaste esta semana?
- ¿Miraste pornografía en línea esta semana?
- ¿En qué meditas cuando te despiertas por la mañana?
- ¿Memorizaste versículos de la Escritura para combatir las mentiras de la lujuria?
- ¿Es pura tu relación con tu novio o novia?

Algunas veces, la conservación de resultados puede darse incluso en forma de una llamada telefónica. Lo importante que debemos recordar es que la rendición de cuentas no termina con la confesión. Debemos orar el uno por el otro y seguir controlándonos.

Amnesia del evangelio

Lo más importante que podemos hacer el uno por el otro al hablar del pecado y la tentación es recordarnos la provisión de Dios para nuestros pecados: la cruz de Jesucristo.

A menudo, cuando una persona confiesa su pecado, es más consciente de su pecaminosidad que de la gracia y la misericordia de Dios. Es un error pensar que enfatizar la culpa llevará al cambio ya que sucede al revés. Solo cuando recordamos que Dios ha perdonado nuestros pecados gracias a Jesucristo podemos encontrar la fuerza para seguir luchando contra el pecado.

No quiere decir que no nos desafiemos con firmeza el uno al otro a abandonar el pecado. Significa que nos desafiamos a la luz del glorioso hecho de que Jesús murió precisamente por los pecados contra los que luchamos. En Romanos 12:1, Pablo escribió: «Así que, hermanos, os ruego por las misericordias de Dios, que presentéis vuestros cuerpos en sacrificio vivo, santo, agradable a Dios, que es vuestro culto racional». Les rogaba, pero lo hacía «por las misericordias de Dios» en la cruz.

Te animo a que termines cada momento de rendición de cuentas con un tiempo de oración en el que la nota sobresaliente sea la acción de gracias por la obra de Cristo a tu favor.

Estímulo mutuo a seguir adelante

Espero que este capítulo te haya inspirado a hacer de tu iglesia local una prioridad y a buscar esta relación de rendición de cuentas a otros. «Y considerémonos unos a otros», escribe el autor de Hebreos, «para estimularnos al amor y a las buenas obras; no dejando de congregarnos, como algunos tienen por costumbre, sino exhortándonos; y tanto más, cuanto veis que aquel día se acerca» (Hebreos 10:24-25).

Algunas personas dejan de reunirse con los cristianos. Permiten que la amargura o las ocupaciones de la vida los separen de otros cristianos de la iglesia local. Es un grave error. La Palabra de Dios ordena que nos juntemos dentro del contexto de la iglesia local. La vida cristiana es una carrera, pero es una carrera que corremos juntos.

capítulo nueve

La espada del Espíritu

*¿Cómo la verdad me ayuda a
vencer las mentiras?*

Un día, cuando regresé a casa
del trabajo, mi esposa no estaba y había una pila de correspondencia sobre la mesa de la cocina. Le di una hojeada a las facturas. En ese momento, divisé un catálogo muy explícito de lencería en el fondo de la pila. El pulso se me aceleró. Lo arrebaté y enseguida lo enrollé hasta formar un tubo, abrí la puerta trasera y lo arrojé en el cubo de la basura.

En cuanto cerré la puerta, se desató una lucha interna muy intensa. Dios me había dado la fuerza para tirarlo, pero mi deseo pecaminoso estaba por las nubes. Seré sincero. En realidad deseaba buscar en la basura para sacar el catálogo.

Una docena de pensamientos y justificaciones fluyeron de mí: *Shannon no está, así que nadie lo sabrá. Solo echaré una mirada rápida. Tal vez pueda elegir algún artículo para Shannon. ¡Eso es! En ese caso, no sería lujuria, sino que estaría de compras. No es pornografía. Solo lo haré esta vez.*

«¡No!», dije en voz alta. «No levantaré la tapa de la basura. ¡No miraré ese catálogo!» Si mis vecinos me vieron discutiendo conmigo mismo mientras caminaba de un lado al otro por la cocina, deben haber pensado que estaba loco.

Sin embargo, mis deseos lujuriosos siguieron susurrando: *Hubiera sido lindo. No te hubieras detenido durante mucho tiempo. Dios te perdonará y puedes encontrar una manera humilde de confesarlo en el grupo en el que rindes cuentas.*

El solo hecho de haber tenido pensamientos tan embusteros me asustó. Tomé el teléfono y comencé a llamar a mis amigos. Marqué el número de Joe... ocupado. El de Eric... contestador automático.

Bueno, hiciste todo lo posible por conseguir ayuda. Será mejor que te des un gusto.

«¡Cállate!»

Marqué el número de John y me contestó. «Hola, Josh, ¿qué sucede?»

«Hola, amigo», dije con un suspiro. «Necesito que ores por mí».

DEBILITADO

Por la misericordia de Dios dejé el catálogo en la basura aquel día. La oración de John y su aliento me ayudaron a capear el intenso momento de tentación; pero luego parecía que algo no andaba bien. En vez de sentirme más fuerte, me sentía más débil. ¿Qué faltaba?

Algunos días después, Dios comenzó a responder mi pregunta. Mientras almorzaba con cuatro amigos de la iglesia, les conté acerca del catálogo de ropa. Les comenté la experiencia de no haber mirado el catálogo, pero les dije que el poder de la lujuria parecía haber aumentado. Luchaba por guardar mis ojos en público. Seguía pensando en el catálogo. Sentía que las mentiras de la lujuria me seguían sonando en los oídos y me debilitaban.

Eric me miró y con genuina preocupación en la voz me preguntó: «¿Estás memorizando algunos versículos en este momento que puedan ayudarte a luchar contra las mentiras de la lujuria?».

«En realidad, no».

Había abandonado un poco ese hábito en los últimos tiempos. Todavía recitaba Job 31:1: «Hice pacto con mis ojos; ¿cómo, pues, había yo de mirar a una virgen?». Podía tropezarme con algunos otros; pero no me había sumergido en pasajes que trataran el asunto. No los había repetido hasta que su verdad entrara en mi torrente sanguíneo y se fijara en mi memoria.

De repente, me di cuenta de lo tonto que había sido. Al parecer, detestaba la lujuria y sus mentiras, pero no fortalecía mi corazón con la verdad de la Palabra de Dios. Había salido a la batalla sin mi espada.

Toma tu espada

A lo largo de todo este libro hemos visto muchas maneras prácticas de evitar la tentación. No obstante, también necesitamos saber cómo presentar batalla cuando la tentación nos tiene en sus garras. Quiero enseñarles cómo combatir las mentiras de la lujuria con la verdad de la Palabra de Dios. Mi objetivo es lograr algo más que simples sugerencias de algunos versículos para memorizar, quiero ayudarte a desarrollar la convicción de que la Escritura es la única arma que puede combatir con éxito la lujuria.

¿Te imaginas qué tontería sería si un soldado saliera a la batalla sin su arma o si permitiera que se deteriorase sin arreglarla? Como cristianos, también es una tontería luchar contra la lujuria sin la única arma ofensiva que Dios nos ha dado.

Efesios 6:17 llama a la Palabra de Dios la «espada del Espíritu». Tu Biblia no es un libro sin vida. Tiene poder. Cuando la lees, la repites y memorizas, el Espíritu Santo la usa contra el pecado como arma ofensiva. Hebreos 4:12 dice:

Porque la palabra de Dios es viva y eficaz, y más cortante que toda espada de dos filos; y penetra hasta partir el alma y el espíritu, las coyunturas y los tuétanos, y discierne los pensamientos y las intenciones del corazón.

Y 2 Timoteo 3:16-17 afirma:

Toda la Escritura es inspirada por Dios, y útil para enseñar, para redargüir, para corregir, para instruir en justicia, a fin de que el hombre de Dios sea perfecto, enteramente preparado para toda buena obra.

La Escritura atraviesa la confusión y las nebulosas verdades a medias que genera nuestro pecado. Revela nuestros deseos más fuertes. Reprende nuestra apatía. Corrige nuestro pensamiento humano egoísta. Desenmascara el engaño del pecado. Nos señala la bondad y la fidelidad de Dios cuando nos sentimos tentados a olvidar. Nos prepara en la rectitud. Contrarresta las falsas promesas de la lujuria con las verdaderas promesas de Dios.

Desde el día en que me sentí tentado por el catálogo que estaba en la basura, he aprendido que no puedo razonar con la lujuria ni puedo rebatirla con mis propias opiniones. No puedo ponerme los dedos en los oídos con la esperanza de ahogar sus mentiras. Y, sin duda, no voy a durar mucho si todo lo que puedo responder es: «No me permiten hacerlo». Necesito una autoridad mayor que la mía. Necesito las palabras mismas de Dios. El combate mano a mano contra la lujuria no da resultado, necesito la espada del Espíritu.

SEAMOS ESPECÍFICOS

¿Cuáles son las mentiras específicas que te dicen tus deseos pecaminosos? Identifícalas y luego ve a la Palabra de Dios y busca pasajes que se dirijan de forma específica a esas mentiras. He recopilado la siguiente lista de versículos que espero te sirvan de ayuda. No los leas en forma apresurada. Considera las veces en que te han tentado esas mentiras; luego deja que la verdad de la Biblia transforme tu perspectiva.

MENTIRA

La lujuria no es gran cosa.

Verdad: «Porque vergonzoso pecado es la lujuria; crimen que debe castigarse. Es fuego devastador que nos consume y nos lanza al infierno, y que arrancaría de raíz cuanto yo he planeado» (Job 31:11-12, LBD).

MENTIRA

Un poco de fantasías pecaminosa no me hará daño.

Verdad: «Porque la mente puesta en la carne es muerte, pero la mente puesta en el Espíritu es vida y paz» (Romanos 8:6, LBLA).

«No os dejéis engañar, de Dios nadie se burla; pues todo lo que el hombre siembre, eso también segará. Porque el que siembra para su propia carne, de la carne segará corrupción, pero el que siembra para el Espíritu, del Espíritu segará vida eterna» (Gálatas 6:7-8, LBLA).

«Antes bien, vestíos del Señor Jesucristo, y no penséis en proveer para las lujurias de la carne» (Romanos 13:14).

MENTIRA

No hace falta proceder de manera radical con el pecado.

Verdad: «Por tanto, si tu ojo derecho te es ocasión de caer, sácalo, y échalo de ti; pues mejor te es que se pierda uno de tus miembros, y no que todo tu cuerpo sea echado al infierno. Y si tu mano derecha te es ocasión de caer, córtala, y échala de ti; pues mejor te es que se pierda uno de tus miembros, y no que todo tu cuerpo sea echado al infierno» (Mateo 5:29-30).

«Huye también de las pasiones juveniles, y sigue la justicia, la fe, el amor y la paz, con los que de corazón limpio invocan al Señor» (2 Timoteo 2:22).

MENTIRA

A Dios no le importará si cedo un poquito...

Verdad: «Haced morir, pues, lo terrenal en vosotros: fornicación, impureza, pasiones desordenadas, malos deseos y avaricia que es idolatría; cosas por las cuales la ira de Dios viene sobre los hijos de desobediencia» (Colosenses 3:5-6).

«Pero fornicación y toda inmundicia, o avaricia, ni aun se nombre entre vosotros, como conviene a santos» (Efesios 5:3).

MENTIRA

Es mi cuerpo. Puedo hacer lo que desee con él.

Verdad: «Huid de la fornicación. Cualquier otro peca-do que el hombre cometa, está fuera del cuerpo; mas el que fornica, contra su propio cuerpo peca. ¿O ignoráis que vuestro cuerpo es templo del Espíritu Santo, el cual está en vosotros, el cual tenéis de Dios, y que no sois vuestros? Porque habéis sido comprados por precio; glorificad, pues, a Dios en vuestro cuerpo y en vuestro espíritu, los cuales son de Dios» (1 Corintios 6:18-20).

MENTIRA

No puedo controlar mi impulso sexual.

Verdad: «Pues la voluntad de Dios es vuestra santifi-cación; que os apartéis de fornicación; que cada uno de vosotros sepa tener su propia esposa en santidad y honor; no en pasión de concupiscencia, como los gentiles que no conocen a Dios; que ninguno agravie ni engañe en nada a su hermano; porque el Señor es vengador de todo esto, como ya os hemos dicho y tes-tificado» (1 Tesalonicenses 4:3-6).

MENTIRA

Mirar algunas fotos pornográficas no me afectará.

Verdad: «No codicies su hermosura en tu corazón, ni ella te prenda con sus ojos; porque a causa de la mujer ramera el hombre es reducido a un bocado de pan; y la mujer caza la preciosa alma del varón. ¿Tomará el hombre fuego en su seno sin que sus vestidos ardan?» (Proverbios 6:25-27).

«No pondré delante de mis ojos cosa injusta» (Salmo 101:3).

MENTIRA

Si consiento mi lujuria no experimentaré ninguna consecuencia.

Verdad: «De manera que cada uno de nosotros dará a Dios cuenta de sí» (Romanos 14:12).

«Porque el Señor al que ama, disciplina, y azota a todo el que recibe por hijo» (Hebreos 12:6).

«Entonces la concupiscencia, después que ha concebido, da a luz el pecado; y el pecado, siendo consumado, da a luz la muerte» (Santiago 1:15).

MENTIRA

La gente sale impune del adulterio.

Verdad: «Porque los labios de la mujer extraña destilan miel, y su paladar es más blando que el aceite; mas su fin es amargo como el ajenjo, agudo como espada de dos filos. Sus pies descienden a la muerte; sus pasos conducen al Seol» (Proverbios 5:3-5).

«Aleja de ella tu camino, y no te acerques a la puerta de su casa; para que no des a los extraños tu honor, y tus años al

cruel; no sea que extraños se sacien de tu fuerza, y tus tra-
bajos estén en casa del extraño; y gimas al final, cuando se
consuma tu carne y tu cuerpo» (Proverbios 5:8-11).

MENTIRA
Dios me priva de algo bueno.

Verdad: «Porque mejor es un día en tus atrios que mil
fuera de ellos. Escogería antes estar a la puerta de la
casa de mi Dios, que habitar en las moradas de maldad. Porque sol y escudo es Jehová Dios; gracia y gloria dará Jehová. No quitará el bien a los que andan en
integridad. Jehová de los ejércitos, dichoso el hombre
que en ti confía» (Salmo 84:10-12).

MENTIRA
El placer que promete la lujuria es
mejor y más real que el de Dios.

Verdad: «Me mostrarás la senda de la vida; en tu presencia hay plenitud de gozo; delicias a tu diestra para
siempre» (Salmo 16:11).

MENTIRA
Si satisfago la lujuria, quedaré satisfecho.

Verdad: «Mi porción es Jehová, dijo mi alma; por tanto, en él esperaré. Bueno es Jehová a los que en él espe-
ran, al alma que le busca. Bueno es esperar en silencio
la salvación de Jehová» (Lamentaciones 3:24-26).

«El temor del Señor [conduce] a la vida, para dormir satisfecho sin ser tocado por el mal» (Proverbios 19:23, LBLA).

MENTIRA

Demasiada pureza me impedirá ver
y disfrutar la belleza.

Verdad: «Bienaventurados los de limpio corazón, porque ellos verán a Dios» (Mateo 5:8).

«Pues el Señor es justo; el ama la justicia; los rectos contemplarán su rostro» (Salmo 11:7).

«Tus ojos contemplarán al Rey en su hermosura, verán una tierra muy lejana» (Isaías 33:17, LBLA).

¿No es increíble la Escritura? ¿Sientes su poder mientras lees? Tener las palabras de Dios esculpidas en nuestro corazón es la clave de una vida de pureza. El Salmo 119:9-11 dice: «¿Con qué limpiará el joven su camino? Con guardar tu palabra [...] En mi corazón he guardado tus dichos, para no pecar contra ti».

Como la lujuria puede atacarte en cualquier momento o lugar, debes estar preparado dondequiera que estés para resistir con la Escritura. Es por eso que te animo a que te comprometas a memorizar la lista anterior de versículos. Comienza escogiendo uno o dos. Escríbelos en una tarjeta y colócala donde puedas verla: en tu Biblia, en tu auto o en tu

computadora. Revísala varias veces al día. A la semana escoge algunos otros versículos. Continúa hasta que los hayas
escondido a todos en tu corazón.

En momentos de tentación, la repetición de estos versículos puede ser un maravilloso elemento para disuadir al
pecado. Me ayuda orar repitiéndoselos a Dios. Los uso para
discutir conmigo sobre el engaño de la lujuria. Algunas
veces hasta los repito a gritos. Al hacerlo, he encontrado
nuevas fuerzas y nueva fe para luchar.

El poder de una promesa

En parte, el pecado es descontento con Dios. El poder de la
lujuria proviene de su promesa que nos dice que alguna cosa
aparte de Dios puede hacernos felices. Esto quiere decir que
la única manera de vencer el poder de la lujuria en nuestras
vidas es buscando mejores promesas. La clave de la santidad
es encontrar la satisfacción en Dios, es tener la fe en que
debemos desearlo a Él más que a cualquier otra cosa que el
mundo tenga para ofrecer. No es solo que nos alejamos de la
lujuria; nos acercamos hacia la verdadera satisfacción y el
verdadero gozo en Dios.

Debemos recordar esto en medio de nuestra lucha contra la lujuria. Algunas veces, luchar contra la impureza
sexual puede parecer lo más ilógico del mundo. Cada fibra

de nuestro cuerpo nos dice que ceder a la lujuria resultará bueno y placentero... ¿y cómo se supone que luchemos contra este deseo? He aprendido que si me digo que la lujuria no me hará sentir bien, sea cual sea el objeto que le llama la atención, no tendré buenos resultados porque sé que, al menos por un momento, me hará sentir muy bien. He aprendido que, como dice John Piper: «El fuego de los placeres de la lujuria se debe combatir con el fuego de los placeres de Dios».

Por lo tanto, no niego que la lujuria ofrece placer, pero me glorío en la promesa del Salmo 16:11, que dice: «Me mostrarás la senda de la vida; en tu presencia hay plenitud de gozo; delicias a tu diestra para siempre». El inventor de todo placer bueno tiene placeres eternos aguardándonos a ti y a mí, placeres que no podemos imaginar. Todas las experiencias de placer que hemos conocido en esta vida no son más que ecos débiles de lo que Él tiene para nosotros allí.

Ten siempre su Palabra delante de ti. Escóndela en tu corazón. Te mantendrá cerca de Él y lejos del pecado. Gloríate en las promesas de Dios. Son mucho mejores que cualquier cosa que pueda ofrecer la lujuria.

capítulo diez

La santidad es una cosecha

¿Cómo siembro para el Espíritu?

Si al llegar al final de este libro te preguntas dónde dije el «secreto» para vencer la lujuria, no es que lo hayas pasado por alto... no lo tengo.

Espero no desilusionarte. *Sería* lindo hacer algo con la lujuria de una vez para siempre y listo; pero no existe esta cura rápida. Y me parece que no se espera que pasemos todo el tiempo buscándola.

La Palabra de Dios nos dice cómo se produce una transformación profunda y duradera. No es un secreto. Ni siquiera es demasiado complicado; pero se necesita

diligencia, fe y la dependencia diaria de la gracia del
Señor.

De eso habla este capítulo. Habla de cómo se instala la
santidad en las vidas de las personas normales. De cómo tú y
yo podemos cooperar con el Espíritu de Dios y de manera
lenta pero segura de parecernos más a Jesucristo. La Biblia
ofrece un principio sencillo aunque profundo de lo que creo
que te dará fe para la transformación permanente:

> No se engañen: de Dios nadie se burla. Cada uno
> cosecha lo que siembra. El que siembra para agradar a
> su naturaleza pecaminosa, de esa misma naturaleza
> cosechará destrucción; el que siembra para agradar al
> Espíritu, del Espíritu cosechará vida eterna. No nos
> cansemos de hacer el bien, porque a su debido tiempo
> cosecharemos si no nos damos por vencidos. (Gálatas
> 6:7-9, NVI)

Este principio no es justo una revelación: «Cada uno
cosecha lo que siembra». Cualquier niño sabe que si planta
semillas de zanahorias en el jardín, cosechará zanahorias.
No se espera que salga brécol. Todos entendemos que existe
un nexo inquebrantable entre lo que ponemos en la tierra y
lo que sacamos más tarde de allí.

El mismo principio se ajusta a nuestras vidas espirituales.
Lo que ves en tu vida espiritual de hoy es el resultado directo

de lo que pusiste en la tierra en días pasados. No podemos evadir esta verdad. No existen excepciones: nuestras acciones y elecciones no se pueden separar de las consecuencias específicas.

¿Sabes por qué algunos cristianos dan grandes pasos en su andar con Dios mientras que otros se quedan estancados? ¿Alguna vez te has preguntado si existirá un gen de la rectitud con el cual nace alguna gente?

Por supuesto que no lo hay. La diferencia entre la persona que crece en santidad y la que no lo hace no es una cuestión de personalidad, de crianza ni de dotación; la diferencia es lo que cada uno plantó en el terreno de su corazón y de su alma.

Por lo tanto, la santidad no es un estado espiritual misterioso que solo unos pocos privilegiados logran alcanzar. Es más que una emoción, una resolución o un suceso. La santidad es una cosecha.

¿DÓNDE SEMBRARÁS?

¿Dónde plantaremos estas semillas de modo que cambien nuestro futuro para mejor o peor? Pablo nos presenta dos campos. Uno representa al Espíritu y a la vida que agrada y obedece a Dios. El otro representa a nuestros deseos pecaminosos o la «carne».

Cada uno puede escoger en qué campo plantará sus semillas. En cualquier día o cualquier momento, podemos pasarnos del uno al otro, podemos arrodillarnos y sembrar semillas en cualquiera de los dos.

Cuando se trata de la carne, lo hacemos al consentirnos una mirada lujuriosa, una fantasía pecaminosa o una película cargada de insinuaciones sexuales. Podemos pensar que estos actos son motitas inofensivas de tierra que sencillamente sacudimos de tanto en tanto sin que se produzca un daño verdadero. Sin embargo, Dios nos dice aquí que nuestras acciones y nuestros pensamientos pecaminosos son verdaderas semillas que caen en el terreno de nuestra carne. No podemos sacudirlas una vez que caen. Echan raíces. Crecen. Y al final se convierten en una gran cosecha de muerte espiritual.

John Stott escribe: «Algunos cristianos siembran para la carne todos los días y se preguntan por qué no pueden cosechar santidad». Es por eso que dedicamos gran parte de este libro a hablar sobre aspectos prácticos como las películas que miramos y lo que hacemos con nuestros ojos cuando estamos en público. Deseamos dejar de plantar semillas para la carne.

Sin embargo, eso no es todo lo que hacemos. Deseamos dar un paso más y plantar semillas en el campo de la rectitud. Cuando hablamos de crecer en santidad, no nos referimos a todas las cosas que debieras evitar, sino a todas las cosas maravillosas que puedes y debes hacer.

No podemos deshacer las elecciones que hicimos en el pasado ni podemos escapar de sus consecuencias, pero si comenzamos hoy, ahora mismo, podemos decidirnos a sembrar para agradar al Espíritu. Cada elección, cada pensamiento, cada conversación, cada cosa que hagamos para glorificar a Dios nos conducirá a una cosecha de vida eterna.

Sembrar para el Espíritu

Sembrar para el Espíritu involucra a todas las pequeñas y grandes acciones que procuran honrar y exaltar a Dios en nuestras vidas.

Sembramos para el Espíritu cuando...

- dedicamos un tiempo diario para leer y estudiar la Escritura.
- nos reunimos con otros creyentes en la iglesia local para adorar a Dios y recibir instrucciones de su Palabra.
- servimos en la iglesia local.
- buscamos a Dios en oración.
- hablamos con un amigo cristiano sobre el carácter y la fidelidad de Dios.
- memorizamos pasajes de la Palabra de Dios y meditamos en sus promesas.

- leemos un libro cristiano que nos aliente a amar más a Dios.
- escuchamos una canción cristiana que fortalezca nuestra fe.

Todas estas actividades y cientos de otras son ejemplos de cómo sembrar para el Espíritu; pero permíteme enfatizar algunas que son importantes en particular.

Creo que la comunión diaria con Dios mediante la lectura de su Palabra, la oración y el examen introspectivo se encuentran entre las maneras más esenciales en que podemos sembrar para el Espíritu. Existen muchos nombres para esto. La gente lo llama un tiempo devocional diario, recogimiento o disciplina espiritual.

Al discutir la importancia que tiene el devocional privado, J.C. Ryle escribe: «Aquí están las raíces del verdadero cristianismo». Continúa diciendo: «Si nos equivocamos aquí, nos equivocamos para todo el viaje. En esto radica el porqué parece que muchos cristianos practicantes nunca pueden arrancar; son descuidados con respecto a sus oraciones privadas. Leen poco la Biblia y con muy poco entusiasmo. No se toman el tiempo para el examen introspectivo y la reflexión silenciosa sobre el estado de sus almas».

¿Deseas crecer en santidad? ¿Deseas ver el poder de la lujuria debilitado en tu vida? Entonces, haz del tiempo personal con Dios la prioridad número uno de *cada* día. Lee tu Biblia con entusiasmo de espíritu. Sé diligente en la oración.

En los dos últimos años he experimentado más fuerza para resistir a la lujuria que en cualquier otro momento de la vida. ¿Sabes por qué? Creo que se debe a que Dios me ha ayudado a darle un lugar prioritario al tiempo diario que paso con su Palabra.

Desde que era adolescente, he sido constante en las disciplinas espirituales de la lectura de la Biblia, la oración y la meditación. En el pasado, solía verlas como cosas que se suponía que debía hacer, como tareas que surgían por ser un cristiano; pero Dios me ha ayudado a ver que no es solo parte de mi «lista de actividades cristianas». Me crearon para esto.

El mayor privilegio de mi vida no es escribir, ni ser pastor, sino relacionarme y comunicarme con el Creador del universo y conocerlo. Como Jesús murió por nuestros pecados, puedo acercarme a Dios. Es más, me invita a hablar con Él a través de la oración, a conocerlo y adorarlo. ¡No existe nada más maravilloso! Y no hay nada más importante en nuestra lucha contra la lujuria. ¿Cómo podemos esperar tener fuerza para resistir la tentación y apartarnos de las mentiras de la lujuria si no sacamos fuerzas de la presencia de Dios y nuestros corazones no se vivifican por su Espíritu cuando estudiamos su Palabra?

¿Deseas experimentar un cambio duradero? ¿Deseas crecer en santidad? Siembra semillas para el Espíritu todos los días mediante los tiempos privados con Dios. Persigue la intimidad con Él.

PASOS PRÁCTICOS

¿Cómo lo logramos?

En primer lugar, decide convertirla en la prioridad número uno de tu día. Una prioridad empuja a las demás cosas a un costado; una prioridad no se mueve; hace que las demás cosas reboten contra ella. He descubierto que es mejor si programo el tiempo con Dios como la primera actividad del día. Cuando esto no es posible, hago todo lo que está de mi parte para reubicar este tiempo en otro momento del día. Hasta he creado un pequeño sistema que me ayuda a verificar mi constancia en un esquema mensual. No lo hago en forma legalista, sino porque me ayuda a ver con mucha claridad si el tiempo con Dios es, en verdad, una prioridad.

En segundo lugar, hazte un plan para lo que vas a hacer durante tu tiempo con Dios. Decide qué libro de la Biblia leerás de principio a fin. Si no estás acostumbrado a estudiar la Biblia y a orar en privado, aquí tienes varios buenos libros que te pueden ayudar:

- *Spiritual Disciplines for the Christian Life* de Donald Whitney: Este libro proporciona muchas guías prácticas para las disciplinas del estudio de la Biblia, la oración, la meditación, el ayuno, la confección de un diario y muchas otras. Fácil de leer e inspirador.

- *Spiritual Reformation* de D.A. Carson: Si deseas aprender cómo orar de acuerdo a la Palabra de Dios, este libro te será de mucha ayuda. El doctor Carson usa las oraciones de Pablo como guía para nuestra práctica diaria de la oración.

- *La Vida Cruzcéntrica* de C.J. Mahaney: No puedes combatir con éxito ningún pecado sin la conciencia de la gracia de Dios. Este pequeño libro te ayudará a mantener al evangelio en el centro de tu fe. Te ayudará a comprender y a amar más a tu Salvador.

- *Bible Doctrine* de Wayne Grudem: Si deseas crecer en el conocimiento global de la Palabra de Dios, este libro te guiará a través de lo que la Biblia enseña sobre los principales principios de la vida cristiana. Es bueno tanto para los cristianos nuevos como para los que deseen profundizar su comprensión de quién es Dios.

- *Feminine Appeal* de Carolyn Mahaney: Todo los libros anteriores son para hombres *y* mujeres, pero quise recomendar este libro específico para las mujeres. No conozco otro libro mejor capaz de ayudar a las mujeres de todas las edades a lograr una perspectiva bíblica sobre la femineidad y la santidad. Carolyn es la esposa de mi pastor y ha discipulado a Shannon.

A través de las páginas de este libro, tú también puedes sacar provecho de su sabiduría y su percepción.

Habrás notado que ninguno de estos títulos se relaciona
en forma directa con la tentación sexual. Creo que no debemos tener a la lucha contra la lujuria como preocupación
primaria; debemos concentrarnos en el evangelio y en la
gloria de Dios. Debemos dedicarnos a conocerlo, a adorarlo
y a encontrarnos con Él todos los días. Como resultado, la
lujuria se debilitará y la pasión por la rectitud crecerá.

UN MILAGRO EN ACCIÓN

¿La lectura de este libro te ha hecho más consciente de lo que
debe cambiar en tu vida? Si es así, es muy bueno; pero también
debes tomar conciencia de que Dios está obrando. ¿Te das
cuenta? Es una evidencia de la obra de Dios en ti que leyeras
todo un libro sobre detestar a la lujuria y amar la santidad. Si
fuera por ti, no harías eso. Que llegaras tan lejos es prueba de
que el Espíritu de Dios está obrando en tu vida. Y todavía no
ha terminado. Sin duda desearás tener un plan claro para controlar las esferas sobre las que Dios te ha hablado a medida que
leías este libro. Aquí tienes algunas sugerencias sencillas:

- Busca un compañero en tu iglesia al que debas rendirle cuentas y lean juntos este libro otra vez.

- Asegúrate de que el plan a la medida que creaste para luchar contra la lujuria esté pegado en algún lugar en el que lo veas a menudo, y asegúrate de entregarle una copia al compañero al cual le rindes cuentas.

- Comienza hoy a memorizar los versículos de la Escritura que se mencionan en el capítulo 9.

- Crea un plan para pasar un tiempo diario con Dios. Escoge lo que estudiarás en la Palabra de Dios y conviértelo en un hábito diario. Que este sea un año en el que la comunión con Dios se convierta en la prioridad suprema en tu vida.

¡Y no te rindas! Ese es el aliento que nos da Gálatas 6:9: «No nos cansemos de hacer el bien, porque a su debido tiempo cosecharemos si no nos damos por vencidos» (NVI).

Dios sabe que podemos desalentarnos con facilidad. Hay momentos en los que deseamos levantar las manos y decir: «¡Olvídalo!». Sencillamente parece que hay demasiado por hacer y que se nos pide que lleguemos demasiado lejos.

Con todo, no te canses. En la medida en que siembres para agradar al Espíritu, comenzará a crecer una cosecha de justicia. Es probable que no suceda de un día para otro, y que algunas veces te parezca que no cambias en absoluto; pero cambiarás.

Recuerda que tu esperanza de cambio se basa en la gracia de Dios. Debido a que Jesucristo murió en la cruz por tus pecados puedes presentarte justificado delante de Dios y saber que Él te santificará de día en día. Puedes esforzarte por llegar a la norma que Dios tiene de *ni aun se nombre* la inmoralidad sexual en la inconmovible confianza de que a través de la fe en Cristo, estás delante de Dios sin que siquiera se nombre la culpa.

Gracias a Jesucristo podemos tener victoria sobre la lujuria. Algunas veces deseamos una victoria que acabe con la lucha. Dios nos llama a confiar en Él en la lucha contra la lujuria, a perseverar y así comprobar la realidad de la victoria que logró su Hijo. John Piper la llama «la lucha perseverante».

Recuerda, Dios no te llama al sacrificio como un fin en sí mismo. Te llama a través de él. Al otro lado del sacrificio existe una belleza y un gozo indescriptibles. No es fácil, pero vale la pena cada minuto vivido de esta manera.

Entonces, bienvenido a la lucha perseverante. Bienvenido al misterio de morir a uno mismo para encontrar la verdadera vida. Bienvenido al placer y a la libertad de la santidad.

El camino del arrepentimiento

De John Loftness

PRIMER PASO: ORA

- Ora pidiendo la ayuda del Espíritu Santo en el proceso de establecer tu dependencia de Dios.

SEGUNDO PASO: IDENTIFICA EL PECADO

- Define su práctica en términos bíblicos.
- Define el motivo de tu corazón por el pecado en términos bíblicos.
- Define la mentira, la falsa creencia, que generó esta motivación y sus actos.

Tercer paso: Adopta el evangelio

- Medita y piensa en cómo tu pecado ofende a Dios. Cultiva el pesar.

- Medita en el hecho de que Dios envió a Jesús a morir en tu lugar para vencer el delito que creó este pecado.

- Ora. Admite tu pecado delante de Dios y pídele que te perdone y que ponga este pecado en la cuenta de la muerte de Jesús en tu favor.

Cuarto paso: Da pasos para detenerte

- Anota en un papel lo que la Biblia dice sobre el pecado, sus consecuencias, tu perdón en Cristo y el poder el Espíritu que opera en ti para cambiar. Memoriza los pasajes que más te ayuden.

- Hazte el propósito de cambiar tu manera de pensar y comportarte.

- Hazte el propósito de cambiar el comportamiento que aumente la tentación:

  - Los lugares a los que vas
  - La gente con la que te relacionas
  - Las cosas que miras o escuchas
  - Las palabras que dices
  - Confiesa tu pecado a los que hayas ofendido y procura su perdón. Si es necesario, haz una restitución.

Quinto paso: Sustituye tu pecado por justicia

- «Vístete de Cristo». Si eres cristiano, estás unido a Jesucristo. Su Espíritu mora dentro de ti. ¡Puedes pensar y actuar como Él!
- Identifica los pensamientos y las acciones que puedes implementar para sustituir:
  - La mentira con la verdad
  - La motivación pecaminosa con una verdadera motivación por encontrar alguna otra cosa que agrade a Dios
  - El comportamiento pecaminoso con el comportamiento recto

Sexto paso: Busca la comunión como un medio de gracia

- Si todavía no lo has hecho, cuéntales a amigos temerosos de Dios o a un pastor acerca de tu pecado y del proceso en el que te encuentras para cambiar.
- Pídeles que te den una evaluación de las conclusiones a las que has llegado y haz ajustes donde sea necesario. Comprométete a rendir cuentas al andar por el camino específico que has delineado.

Séptimo paso: Repasa

- Los pasos 1-5 a diario.
- El paso 6, para rendir cuentas, con regularidad.

Agradecimientos

En especial, gracias...

A Doug Gabbert y Kevin Marks, que me ayudaron a determinar qué libro debía escribir, lucharon hasta encontrar un buen título y me apoyaron con diligencia a lo largo del proyecto.

A Corby Megorden, el administrador de la iglesia *Covenant Life*, que fue el más afectado por mi ausencia en la oficina. Su fidelidad me permitió concentrarme por completo en el trabajo de escribir. Al resto de mis compañeros pastores que me apoyaron para que escribiera y oraron por mí todos los martes.

A Cara Nalle, mi asistente de investigación, que realizó todas las entrevistas con mujeres y me contó sus reacciones para saber cómo hacer que el libro fuera de mayor ayuda para las mujeres.

A mis editores, David y Heather Kopp. Este equipo de esposo y esposa me guió a lo largo de la tarea al parecer imposible de escribir un libro en cuatro meses. Me desafiaron, discutieron conmigo, me alentaron y me animaron mientras yo encontraba mi voz. En muchos momentos de confusión, la disposición de Heather para luchar con mis enredados borradores fue lo que trajo claridad. A Jennifer Gott, que realizó la edición de línea.

A C.J. Mahaney, mi amigo, pastor y jefe, que me asignó la tarea de hablar sobre este tema y me sugirió que transformara el mensaje en un libro al instante en que dejé de hablar. Me dio el tiempo libre para escribir, leyó cada capítulo, me dio su opinión, luego me alentó sin cesar. Y gracias por el *Titanium PowerBook*.

A Shannon, mi queridísima amiga y compañera. No puedo darle el honor suficiente. Puedo escribir porque ella acepta con gozo su llamado a ser esposa y madre. Además de todas las agotadoras tareas de cuidar a nuestros dos hijos y administrar un hogar, me lee capítulos en voz alta para que yo pueda escuchar cómo suenan, soporta mis momentos de «escritor zombi» y me canta «Feliz día del libro» cuando termino. Toda mi pasión es para ti, mi amor.

A mi Señor y Salvador, Jesucristo. Gracias por salvarme. Este libro se debe a ti y es para ti.

Notas

PREFACIO

Jerry Bridges: Jerry Bridges, *The Discipline of Grace*, NavPress, Colorado Springs, CO, 1994.

CAPÍTULO 1

John Piper: John Piper, *Future Grace*, Multnomah, Sisters, OR, 1995, p. 336.

CAPÍTULO 2

C.S. Lewis: C.S. Lewis, *Cristianismo y nada más*, Editorial Caribe, 1977, p. 101.

CAPÍTULO 3

La historia de Reinaldo III se tomó de *The Three Edwards,* de Thomas Costain, citada en *Illustrations for Preaching and Teaching,* ed. Craig Brian Larson, Baker Books, Grand Rapids, MI, 1993, p. 229.

John Owen: John Owen, *Sin & Temptation*, ed. James M. Houston, Bethany, Minneapolis, MI, 1996, p. 153.

C. J. Mahaney: C.J. Mahaney, *La Vida Cruzcéntrica*, Editorial Unilit, Miami, FL, pp. 25, 32-33.

John Stott: John R.W. Stott, *The Message of Galatians*, InterVarsity Press, Downers Grove, IL, 1968, p. 143.

«Before the Throne of God»: © 1997 PDI Worship, letra y música de Charitie Lees Bancroft y Vikki Cook.

John Stott: Stott, *The Message of Galatians*, p. 143.

Capítulo 4

Richard Baxter: Richard Baxter, «Directions for Hating Sin», *Fire and Ice*, www.puritansermons.com/baxter/baxterl6.htm; accedido el 21 de abril de 2003.

Capítulo 5

Dr. Al Mohler: El Dr. Al Mohler expresó esta afirmación en la que dice que los hombres se entregan a la pornografía y las mujeres la producen en una conversación con el autor.

Capítulo 6

Jeffrey Black: Jeffrey Black, *Sexual Sin: Combating the Drifting and Cheating*, P&R Publishing, Phillipsburg, NJ, 2003, pp. 6-7. Se puede pedir este folleto poniéndose en contacto con *Resources for Changing Lives*, 1803 E. Willow Grove Ave., Glenside, PA 19038 o llamando al (800) 318-2186.

Capítulo 7

Una carta de la Sra. Wesley: Wesley, extraído de una carta escrita a su hijo John en junio de 1725. Comisión general de

archivos e historia, Iglesia Metodista Unida, pag 180
http://www.gcah.org/COUMH/VoiceSWesley.htm; accedido
el 24 de abril de 2003.

Joel Belz: Joel Belz, Editorial, *World*, 28 de septiembre de
1996, p. 5.

Ibídem.

Wayne Wilson: Wayne Wilson, *Worldly Amusements:
Restoring the Lordship of Christ to Our Entertainment Choices,*
Winepress Publishing, Enumclaw, WA, 1999, pp. 19-20.

CAPÍTULO 8

Alan Medinger: Alan Medinger, según se cita en el *Journal
of Biblical Counseling* 13, no. 3, primavera de 1995, pp. 54-5.
Para recibir información en cuanto a la suscripción, llamar al
(215) 884-7676 o visitar el sitio www.ccef.org.

CAPÍTULO 9

La idea de combatir las mentiras de la lujuria con las
verdaderas promesas de la Palabra de Dios la inspiró John Piper
y su libro *Future Grace.*

John Piper: Piper, *Future Grace*, p. 336.

CAPÍTULO 10

John Stott inspiró el título de este capítulo.

John Stott: Stott, *The Message of Galatians*, p. 170.

J.C. Ryle: J. C. Ryle, *Holiness*, Evangelical Press, Grange
Close, Darlington, 1999, p. 89.

John Piper: Piper, *Future Grace*, p. 332.

Acerca del Autor

Joshua Harris es el pastor ejecutivo de Covenant Life, una iglesia pujante que se encuentra en Maryland, suburbio de Washington, D.C.

Joshua comenzó su carrera de escritor como editor de *New Attitude*, revista cristiana para adolescentes. Escribió su primer libro, *Le dije adiós a las citas amorosas*, a los veintiún años de edad y ese mismo año se trasladó de Oregón a Gaithersburg, Maryland, a fin de recibir capacitación para el ministerio pastoral bajo la tutela de C.J. Mahaney. Cinco años después de renunciar a las citas amorosas, conoció, se enamoró y convirtió en su esposa a Shannon. En su segundo libro, *Él y ella: Dile sí al cortejo*, cuenta la historia de su amor y las lecciones que les enseñó Dios.

Joshua y Shannon tienen ahora dos hijos, Emma Grace y Joshua Quinn. Si buscas información sobre el trabajo de Josh, visita su sitio Web en:

www.joshharris.com

Siéntete en libertad de comunicarte con Josh. Aunque no puede responder personalmente toda la correspondencia, le encanta recibir tus comentarios e impresiones.

Joshua Harris
P.O. Box 249
Gaithersburg, MD 20884-0249
DOIT4JESUS@aol.com